中华优秀传统文化是炎黄子孙共同的精神家园

左传选译

陈世饶 译注
董治安 审阅

古代文史名著选译丛书

（珍藏版）

主编 章培恒 安平秋 马樟根

凤凰出版社

图书在版编目（CIP）数据

左传选译 / 陈世铙译注. -- 南京 : 凤凰出版社, 2017.1
（古代文史名著选译丛书 : 珍藏版 / 章培恒, 安平秋, 马樟根主编）
ISBN 978-7-5506-2471-9

Ⅰ. ①左… Ⅱ. ①陈… Ⅲ. ①中国历史－春秋时代－编年体②《左传》－译文③《左传》－注释 Ⅳ. ①K225.04

中国版本图书馆CIP数据核字(2016)第257404号

书　　名　左传选译
主　　编　章培恒　安平秋　马樟根
译 注 者　陈世铙
责任编辑　汪允普
装帧设计　姜　嵩
出版发行　凤凰出版传媒股份有限公司
　　　　　凤凰出版社(原江苏古籍出版社)
　　　　　发行部电话025-83223462
出版社地址　南京市中央路165号，邮编:210009
出版社网址　http://www.fhcbs.com
照　　排　江苏凤凰制版有限公司
印　　刷　苏州市越洋印刷有限公司
　　　　　苏州市吴中区南官渡路20号　邮编:215104
开　　本　850×1168毫米　1/32
印　　张　8.625
字　　数　179千字
版　　次　2017年1月第1版　2017年1月第1次印刷
标准书号　ISBN 978-7-5506-2471-9
定　　价　35.00元
(本书凡印装错误可向承印厂调换，电话:0512-68180638)

目 录

前 言

《左传》是我国第一部叙事详细、记述完整的编年体史书，也是一部优秀的历史散文巨著。《左传》全书约十八万字，用鲁国十二位国君（隐、桓、庄、闵、僖、文、宣、成、襄、昭、定、哀）的世次，按年月顺序记载了从鲁隐公元年到鲁哀公二十七年（前722—前468）总计二百五十四年间各诸侯国的重要史实。从汉代起，《左传》就被列为儒家经典。到了唐太和（827—835）年间，唐文宗下令把《左传》跟《易》、《书》、《诗》、《周礼》、《仪礼》、《礼记》、《公羊传》、《谷梁传》、《论语》、《孝经》、《尔雅》等一起镌刻上石，立于太学，称为《十二经》。到了宋代，又加列《孟子》，合称《十三经》。因此，《左传》一直是古代士人必须熟读的书，它对中国的文化，尤其是史学和语言文学的影响是十分深远的。直到今天，它对研读中国古代历史和先秦语言文学的人来说，还是一部必读的著作。

《左传》原名《左氏春秋》。汉人认为它是一部解说和阐述《春秋》的著作，改称为《春秋左氏传》。《春秋》本来是春秋时代各国史书的通称。《墨子·明鬼》就记载有"周之《春秋》"、"燕之《春秋》"、"宋之《春秋》"、"齐之《春秋》"。《孟子·离娄下》也说："晋之《乘》、楚之《梼杌》、鲁之《春秋》，一也。"这说明当时文化比较发达的诸侯国都有自己的国史。当时的朝廷大事，多在春秋两季举行，所以就从

“春夏秋冬”四季之中，摘取“春秋”这两个字，作为国史的通称。到了战国末年，各国的《春秋》都先后失传了，只有一部《鲁春秋》传了下来，《春秋》就成了《鲁春秋》的专名，儒家尊它为《春秋经》。

流传到现在的《春秋经》一共有三种本子。一种是《左传》的讲解本，叫《左氏经》，它最初是用秦以前的文字写的，又称古文经；另外两种是《公羊传》和《谷梁传》的讲解本，叫《公羊经》和《谷梁经》，它们是到了西汉初年才用当时通行的隶书记录下来的，又称今文经。三种经文大体相同，而其中也有些差异。比较重要的差异是《公羊经》和《谷梁经》都只记到鲁哀公十四年(前481)“西狩获麟”止，而《左氏经》却记到鲁哀公十六年(前479)“夏四月己丑，孔丘卒”止。另外，《公羊经》和《谷梁经》都在鲁襄公二十一年(前552)记了“孔子生”，《左氏经》里却没有这一条。

《春秋》是我国现存第一部编年体史书，虽然用鲁国的纪年，所记的却是各国的事，所以也是我国第一部通史。根据一些专家的研究，《春秋》全书记载日食共三十六次，其中除了两次可能是错简或误记的以外，其余三十四次都跟现代天文学的测算吻合，这是古人不可能伪造的。另外，后代出土的青铜器皿和其他历史文物，也多能跟《春秋》的记载互相印证。这说明《春秋》是一部可信的史书。

《春秋》的作者，战国和两汉的人都认为是鲁国的孔丘。《孟子·滕文公下》说：“孔子成《春秋》而乱臣贼子惧。”《史记·孔子世家》也说：“孔子作《春秋》，笔(记载)则笔，削(删除)则削，子夏之徒不能赞一辞。”但近代的学者大多认为《春秋》不过是鲁国历代史官递修而成的鲁国国史。因为修史本是太史的职责，也只有历代史官才有可能掌握这样丰富的原始资料并加以记录；从《春秋》二百四十余年的"书法"(记事原则)和文风来看，前后颇有不同；详细记载孔子平生言行的《论语》，也没有一个字提到《春秋》。大约是在鲁哀公之世，礼崩乐坏，史官和乐师流散四方，官府的典籍也随之散亡出去，学术下移，孔子因而有机会把《鲁春秋》作为教本传授弟子。孔门弟子为了纪念孔丘，才在《春秋经》里记上孔子生年(见《公羊经》和《谷梁经》)和卒年(见《左氏经》)。

《左传》和《春秋》本来是另本单行的著作。到了西晋，杜预(222—284)才把《左传》按年分开插编在《春秋》的每年之后，并且参汇前人的训释作了注，称为《春秋经传集解》，这是《左传》的注释本流传下来最早的一种。到了唐代，孔颖达(574—648)为杜预的注作疏，再附上陆德明(约550—630)《经典释文》中的《左传音义》，就成了今天我们从《十三经注疏》中看到的《春秋左传正义》。

《左传》的作者是谁？这个问题历来争论最多，到现在学术界还没有一致的看法。西汉人认为《左传》是跟孔子同时的左丘明所作。《史记·十二诸侯年表序》说："……是以孔子明王道，干(求)七十余君莫能用，故西观周室，论史记(记载历史的书)旧闻，兴于鲁而次(按顺序编写)《春秋》。……鲁君子左丘明惧弟子人人异端(跟正统的学说不同)，各安其意，失其真，故因孔子史记(指《春秋》)，具论其语，成《左氏春秋》。"《汉书·艺文志》也有相似的记载。这位左丘明，《论语·公冶长》曾记载孔子心怀敬意地提到过他："子曰：'巧言、令色、足恭，左丘明耻之，丘亦耻之；匿怨而友其人，左丘明耻之，丘亦耻之。'"可见他至少是与孔子同时，还可能是孔子的先辈。但是，说《左传》成于左丘明之手，矛盾太多，不能使人相信。比如《左传·哀公二十七年》附记孔子死后二十六年（前453）智伯被灭的事，又称赵无恤为襄子。赵无恤死后谥襄子（前425），是孔子死后五十三年的事。《左传》还好作预言，像三家分晋（前403）和田氏代齐（前386）这样的预言，分别在孔子死后七十六年和九十三年才得到应验。这些都是孔子同时的左丘明不能预知，只有后来亲见或亲闻这些事情的人才有可能写出来。因此，关于《左传》作者就有种种说法：有说是作于“楚左史倚相之后”（朱熹《朱子语类》卷八十三）；有说是西汉末的刘歆（？—23）割裂《国语》，比附经文而成（康有为《新学伪经考》）；有说是战国时的军事家卫国左氏人吴起（？—前381）纂集各国的史传而成，“以其乡邑为名，故冠其书以‘左氏’”（郭沫若《青铜时代·述吴起》）；有说是左丘明所作而“后人屡有附益”（姚鼐《左传补注序》）。这些说法都有较多的臆测成分，缺乏确实有力的证据。其实，先秦的典籍很少是由个人执笔写成的，大多由各学派的门徒不断补充、发展，经历若干年代才成为定本。从《左传》本身的内容和先秦著作成书的一般情况来考察，我们以为《左传》很可能是由鲁国历代的史官用口头传诵的方式来解说《春秋》，经过若干年代的提炼和增补而逐渐丰富起来，这当中还采汇了列国的国史资料和其他文籍。到了战国初年，才有弟子根据老师的口传，有意识地按《春秋》的体例和纲目写成传记。古代史官分左史和右史，“左史记言，右史记事”，弟子们以祖师的左史之官来命名，就称之为“左氏”。这跟《公羊传》和《谷梁传》都是先有口传而后成书的道理是一样的。《左传》中征引孔子和别的“君子”对人物和事件的评论，大约就是孔门弟子在传述过程中为了“惩恶劝善”而加进去的。书中还有对同一事件而作了两种不同的记载(可参看王树民《史部要籍解题》第二章),应该是所取资料来源不同而留下的痕迹。但是,不管《左传》作者是谁,能不能确切认定,都无损于它在中国史学和文学上的伟大成就和价值。《左传》最后成书的年代,可以确定为战国初年,即公元前四世纪的前半叶。战国晚期它已流行于中原地区,当时的文籍,像《战国策》、吕不韦(? —前253)门客纂集的《吕氏春秋》、韩非(约前280—前233)的《韩非子》,都征引过《左传》的文字。到了西汉,司马迁作《史记》,刘向作《说苑》和《新序》,征引《左传》的材料就更多了。

《左传》作者在叙述历史事件、记载古人言行的同时,也寄托了自己的政治理想,流露爱憎的感情,表明了自己的倾向。从思想内容来说,其积极的一面是主要的。这首先表现在对待天人关系的态度上。在春秋时代,天命鬼神有极大的权威,奴隶主贵族正是凭借着天命和鬼神来维护他们在人世间的统治。当时的一些先进人物,针对有神论的天命思想提出了大胆的怀疑。他们虽然还不敢直接否定天命鬼神的存在,但已经明确地把它们放在附属地位,而把人看成决定命运的主体。例如,虢君派太史嚚去享神,太史嚚说:“虢其亡乎? 吾闻之:国将兴,听于民;国将亡,听于神。神,聪明正直而一(一心依凭于人)者也,依人而行。”(庄公三十二年)虞国宫之奇劝谏虞君说:“鬼神非人实亲,惟德是依。”(僖公五年)宋国坠下五块陨石,宋襄公问这件事的吉凶,周内史叔兴说:“吉凶由人。”(僖公十六年)鲁国的穆叔引《大誓》说:“民之所欲,天必从之。”(襄公三十一年)这些言论,实际上是对天命和鬼神作用的否定。《左传》记录下来，并且流露了赞许的倾向，这在思想史上是一大贡献。

其次，表现在对待君民关系的态度上。《左传》重视民的地位和作用，把"得民"看作立国的根本，看作战争胜败的决定因素，因而主张"养民"、"勤民"，反对"艾杀其民"，反对过分盘剥和役使百姓，表现了初期的民本思想——随着奴隶制度的没落和人民力量的显示而产生的一种重民思潮。卫国人驱逐了暴虐无道的卫献公，晋侯认为这太过火了，师旷却评论说"良君将赏善而刑淫，养民如子"，如果像卫献公那样使百姓绝望的君主，不赶走他干什么？（襄公十四年）楚国在城濮之役中战败，楚国的荣季说："非神败令尹（指子玉），令尹其不勤民，实自败也。"（僖公二十八年）齐崔杼杀齐庄公，晏婴不肯为庄公殉死。他认为：做国君的不能凌虐百姓，而应当搞好国政；做臣子的不是为了俸禄，而应当报效国家。"故君为社稷（国家）死，则死之（为他而死），为社稷亡（失位出逃），则亡之；若为己（国君个人）死而为己亡，非其私昵（私人的宠臣），谁敢任之？"晏婴把国和君区别开来，认为国高于君，臣也不是君的私属，君和臣都属于国家。这些初期的民本思想，是战国时期孟子"民为贵，社稷次之，君为轻"（《孟子·尽心下》）的民本主义和仁政学说的先导，《左传》记录下来并加以赞许，在当时具有不可低估的进步意义。

第三，《左传》继承了古代史官"不虚美，不隐恶"的优良传统，对贵族统治阶级的暴虐和丑恶进行了揭露和抨击。郑庄公的险诈刻毒（隐公元年），晋灵公的残暴荒淫（宣公二年），骊姬的阴险和晋献公的昏愦，作者都作了细致的描绘并加以指斥。惨烈的战争和残酷的剥削给人民带来的深重灾难，作者也予以深刻的揭露："易子而食，析骸以爨"(宣公十五年)，"民三其力，二入于公，而衣食其一"，"国之诸市，屦贱踊贵"，"庶民罢敝，而宫室滋侈；道殣相望，而女富溢尤"。(昭公三年)作者用形象化的描绘和鲜明的对比，把老百姓的苦难和统治者的残忍和贪婪，表现得触目惊心。在暴露黑暗的同时，作者还对为国家为人民做出了杰出贡献的历史人物作了热情的歌颂。像殽之战中犒劳秦师而保存了郑国的爱国商人弦高(僖公三十三年)、赴秦乞师救楚的申包胥(定公四年)、谏虞假道的宫之奇(僖公二年、五年)、大义灭亲的石碏(隐公三年、四年)、为国举贤不避亲仇的祁奚(襄公三年)，以及政治家子产、晏婴等，作者都用赞许的笔调记载了他们的言行事迹，其爱憎态度和是非观念是很鲜明的。这种"不虚美，不隐恶"的史学原则，为后代史学家树立了楷模。

当然，《左传》表现出来的思想是复杂的，其认识上的局限性也是明显的。有些地方宣扬了封建道德和宿命观点，相信占卜、灾异、梦兆和预言等等。这些消极落后的思想，在本书所选的一些优秀篇目中也有所反映。作者毕竟是二千多年前的古人，不可能超越时代的认识和阶级的局限。但是，从全书的基本倾向看，消极的因素毕竟是它的次要方面。

作为一部历史著作，《左传》在史学上的巨大成就向来为人们称许。《左传》完善和发展了由《春秋》开创的编年体史书体裁，把它提高到了一个新的高度。《春秋》仅有一万六千余字，记述简略，含义隐晦；一条只记一事，条目之间互不关联；而且只有纲目，不叙史实的发展过程，更缺乏具体的描写，很像一本流水账簿。作为史书来说，《春秋》

的作用实在有限，必须有详细的说明和补充，才能看出经文的内容大意和史实发展的轨迹。《左传》则出色地承担了这一任务。《左传》的记载，有系统，有条理，有分析和评论，有追叙和附叙，首尾完整，其笔触涉及了春秋时期广阔无垠的社会生活的方方面面，为我们展现了一幅又一幅生动清晰的历史画卷。像《春秋·隐公元年》"郑伯克段于鄢"一句只有六个字，《左传》却详细加以记述，使之成为一篇七百字左右首尾完整的文章。又如僖公十五年的秦晋韩之战，《春秋》只记了"晋侯及秦伯战于韩，获晋侯"这样一句，《左传》却把韩之战的全过程，敷衍成一篇洋洋洒洒、将近两千字的记述。战争的起因，战前双方对战争的估计，交战的经过，惠公被俘后晋国群臣的反应，秦国如何处置晋惠公，晋郤克如何安抚国人，吕甥如何与秦伯巧妙应对，惠公如何归国等等，都有很生动、很详备的记载。二者相比，《春秋》像报刊的新闻标题，而《左传》像报道的内容。要是不通过《左传》的详细叙述，很难看懂《春秋》那种标题式的记述。东汉桓谭的《新论》说："《左氏传》于经，犹衣之表里（表面和里面），相待而成。《经》而无《传》，使圣人闭门思之十年，不能知也。"（见《全后汉文》卷一）梁启超也称《左传》是"商周以来史界之革命"，这些话都是说得非常中肯的。

《左传》在史学上的贡献，还在于它保存了大量春秋时期的历史资料。在《春秋》里，有关朝聘、会盟、征伐、灾异、丧葬的条目约占全书百分之九十，很少有关社会情况的记载。而《左传》的内容，却包括了政治、经济、军事、文化以及社会生活的各个方面，还引证了春秋以前的一些古史传说，使它成为保存春秋时代历史资料最系统、最丰富的典籍。

《左传》是编年史书，同时又是杰出的历史散文巨著。作者在记述史事发展和人物言行的过程中，充分注意了语言技巧、逻辑修辞以至构思布局，并调动了多种多样的形象化手段。这样，就使《左传》具有浓厚的文学色彩。我们在本书所选篇目的提示中，对具体篇章作过一些分析。下面再概括地谈几点看法。

第一，《左传》为我们描绘了一大批栩栩如生、性格鲜明的历史人物形象。作为编年体史书，它的任务是记载史实，不像文学作品那样，把塑造人物典型、形象地反映生活作为目的，不能进行虚构；也不太可能像纪传体史书那样可以集中笔墨去描绘一两个人物。但是，《左传》作者以他敏锐的观察，抓住历史事件进展中的一些重要环节，通过人物的语言和他们顷刻间的举止，寥寥数笔，就把整个人物的精神风貌以至内心活动都生动地表现出来。城濮之战，写楚令尹子玉派斗勃去向晋君挑战说："请与君之士戏，君凭轼而观之，得臣（子玉的名）与寓目焉。"两军金戈铁马的生死搏斗而称之为戏耍，还表示要"陪着您瞧一瞧"，把子玉自雄轻敌的神情心态表现得如闻如见。宣公十四年，宋国人杀了楚国的使臣，落入了楚庄王设下的圈套，"楚子闻之，投袂而起，屦及于室皇，剑及于寝门之外，车及于蒲胥之市"。作者写了这一连串不同寻常的动作，把楚庄王迫不及待地赶去发兵的心情表现得形神毕肖。作者还善于从事件的进展中刻画人物性格的发展变化。写重耳十九年的流亡生涯，作者通过倒叙、插叙，精心筛选出一些曲折生动而富有戏剧性的细节，表现了重耳如何从一个胸无大志、苟且偷安的贵族公子逐步成长为一个有胆识、有气度、有谋略的成熟的政治家。作为陪衬的十多个人物，也被作者用极简练的笔墨勾勒得非常鲜明，表现了高超的文学技巧。

第二，作者创造了多样化的篇章结构，调动了多样化的文学表现手段，提炼了富有魅力的文学语言，把散文的创作，推进到了一个新的境界。《左传》的文章，既有《鲁展喜犒齐师》、《曹刿论战》那样三四百字而简洁严整的精美短篇，也有《城濮之战》、《鄢陵之战》、《晋公子重耳之亡》那样事绪纷繁、人物众多、规模雄大、气象万千的洋洋巨构；既有《楚归晋知罃》、《吕相绝秦》那样几乎全属记言的文字，也有《晋灵公不君》、《伍员奔吴》那样以记事为主的篇章。不管是长篇短构、叙事记言，无一不是结构严整、条理井然、安排巧妙、笔力优暇的佳作。其表现手法也显得多样化而且富于文学色彩，有很强的感染力。在《蔡声子论晋用楚材》中，用映衬的手法写四个逃亡大夫给楚国造成的祸害，烘托伍举逃亡晋国的严重性。在《郑子产为政》中，用操刀、制锦和田猎作譬喻，把“学而后入政”的道理说得非常透辟。在《吕相绝秦》和《蔡声子论晋用楚材》中，交替运用排比和错综的句式，文章气势充沛而又灵活多姿。《鄢陵之战》写“楚子登巢车以望晋军”，对方决战前的种种军事部署，都从楚子眼中看出，又借伯州犁的口逐一加以说明，把晋军营垒之中一片紧张忙碌的备战场景，描绘得历历如见。这种小说笔法，是《左传》的首创。作者运用语言，准确而凝炼，富有表现力。经他琢磨润色而创造出来的一大批词汇和成语，直到今天还为人们经常使用。

第三，《左传》中写得最精彩而为后人称道不已的是战争和辞令这两个部分。《左传》不但善于把纷繁复杂的战争叙述得井井有条，把战争的前因后果交代得清清楚楚，更可贵的是，它能把军事上的胜败跟交战双方的内政、外交、人心向背、战略战术等多方面的因素结合起来考察，从而揭示出战争胜负的原因，所以写得深刻，耐人寻味。许多重大战役的描写，各具特色，毫不雷同。写韩之战，重在叙述战前战后的一系列事件，阐明战争胜败的原因及带来的后果。写鞌之战，却用浓墨重彩去描绘双方交战的紧张场面，展现了一幅有声有色的古代战争的长卷画轴。写鄢陵之战，在双方互窥虚实之后，点缀了许多饶有兴味的战场花絮，用来烘托人物的不同性格和心态。写城濮之战，用主要篇幅去记述交战两大阵营的战前准备和外交斗争，为战争的胜败埋下伏笔，然后又安排了许多曲折来渲染气氛，等蓄够了势头，才急转直下地写双方的交战。这些战役，靠了作者雄健的笔力和深刻尽致的描写，才成为历史上著名的战例。《左传》中的外交辞令，大多说理透辟，富有感情，措辞典雅巧妙而极有分寸，往往使对方无反驳的余地而心折。本书所选的《齐桓公伐楚》、《鲁展喜犒齐师》、《吕相绝秦》、《烛之武退秦师》等，都是著名的代表作。

本书选录了《左传》原文约计三万余字，接近原书字数的五分之一。所选篇目大多是历史大事的记述或有代表性的文学名篇，希望能约略反映《左传》的概貌和写作特色。作注释时参考了前人和今人的著作，择善而从；由于是普及读物，也为了节省篇幅，掠美之处未能注明。译文尽量做到忠实于原文。但是，先秦的语言与现代汉语距离比较大，倒语多，句子成分和关联词语也多有省略，文字跳跃性大，修辞习惯与今人也颇有不同，因此有时不可能逐词对译，而必须在译文中增加某些词语或适当改变句式，以便使译文更明白流畅一些。每篇之前的提示，不是、也不可能对文章作全面的分析，只是约略举出在内容上或写法上的某些特点，供读者参考。

译注古书是一件烦难而细致的工作，学力不足或工作不细都可能产生错误，希望读者给予指正。译注工作得到了武汉大学古籍所宗福邦同志和张世俊同志的热情帮助，在此特致谢意。

陈世铙

一、郑伯克段于鄢

本篇选自鲁隐公元年(前722),记载了郑庄公兄弟争权夺位、互相残杀的历史故事。作者一方面写姜氏宠爱共叔段,先请求立他为太子,又为他"请制"、"请京",最后发展到为他偷袭国都、杀兄夺位作内应;共叔段则依仗姜氏的支持,逐步扩土聚民,准备用武力杀庄公而自立。另一方面,写郑庄公对母亲和弟弟的阴谋早有成算,表面上装出一副孝母爱弟的样子,实际上却采用欲擒故纵的办法,助长他们的贪欲,等他们的恶行逐步暴露,然后找到借口,一举加以诛杀。作者用简练的笔墨,把郑庄公的老谋深算和虚伪狠毒刻画得非常鲜明。

文章最后写了一段庄公受颍考叔感化而掘地见母的故事,并借"君子"的话作论断,寄以褒贬,意味深长,很能引起读者的体味。

《左传》原来没有篇目。本篇和下面各篇的题目都是后加的。

初①，郑武公娶于申②，曰武姜③。生庄公及共叔段④。庄公寤生⑤，惊姜氏，故名曰“寤生”，遂恶之⑥。爱共叔段，欲立之，亟请于武公⑦，公弗许。及庄公即位⑧，为之请制⑨。公曰：“制，岩邑也⑩，虢叔死焉⑪，佗邑唯命⑫。”请京⑬，使居之，谓之“京城大叔”⑭。

【注释】

① 初：当初。用来追述以前发生的情况。② 郑：姬姓国，伯爵。在今河南省郑州市南，新郑北。武公：郑国国君，名掘突，武是谥号，公是诸侯国国君的通称。申：姜姓国，侯爵，在今河南省南阳市。③ 武姜：武是表示其夫郑武公的谥号，姜表示母家的姓。④ 共(gōng)叔段：共是国名，在今河南省辉县。叔表示兄弟排行在后，段是名。段后来出奔共国，所以称共叔段。⑤ 寤(wù)生：逆生，即难产。寤，通“牾”，逆，倒着。⑥ 恶(wù)：厌恶，不喜欢。⑦ 亟(qì)：屡次。⑧ 即位：天子或诸侯就职。⑨ 制：郑邑，在今河南省荥阳汜水附近的虎牢关。原为虢地，当时已被郑国占有。⑩ 岩邑：险阻之邑。邑是民众聚居之地，大小不等。⑪ 虢(guó)叔：东虢国的国君。焉：代词。可解为“于之”，其中的“之”可以代人，代事物或处所。死焉，死在那里。⑫ 佗：同“他”，别的。唯命：“唯命是从”的省略。⑬ 京：郑的大邑，在今河南省荥阳东南。⑭ 大(tài)：同“太”。

祭仲曰①：“都，城过百雉②，国之害也。先王之制：大都，不过参国之一③；中，五之一；小，九之一。今京不度，非制也，君将不堪④。”公曰：“姜氏欲之，焉辟害⑤？”对曰：“姜氏何厌之有⑥？不如早为之所⑦，无使滋蔓。蔓，难图也⑧。蔓草犹不可除，况君之宠弟乎？”公曰：“多行不义，必自毙⑨，子姑待之⑩。”

【注释】

① 祭（zhài）仲：郑大夫祭足。② 都：都邑。城：城墙。雉：古代建筑的计量单位，长三丈高一丈为一雉。当时的规定，侯伯的国都方五里，城墙每边长（不是周长）三百雉，即九百丈。诸侯国的“大都”，为国都的三分之一，即每边城墙不能超过百雉。③ 参：同“三”。国：国都。④ 堪：经受得起。⑤ 焉：疑问代词，哪里。辟：同“避”。⑥ 何厌之有：“有何厌”的倒装句。“之”是结构助词，使宾语“何厌”提到动词“有”之前。厌，满足。⑦ 所：动词，处置，处理。⑧ 图：图谋。⑨ 毙：仆倒。⑩ 姑：姑且。

既而大叔命西鄙、北鄙贰于己①，公子吕曰②：“国不堪贰，君将若之何③？欲与大叔，臣请事之；若弗与，则请除之。无生民心。”公曰：“无庸④，将自及。”大叔又收贰以为己邑，至于廪延⑤。子封曰：“可矣。厚将得众⑥。”公曰：“不义不暱⑦，厚将崩。”

【注释】

① 鄙:边境之邑。贰:两属。贰于己,既属于庄公,又同时属于自己。② 公子吕:郑大夫,字子封。③ 若之何:对他怎么办。"若……何"是古汉语的一种固定句式,表示"怎样对待"、"对……怎么办"。④ 庸:用。⑤ 廪延:郑邑,在今河南省延津县北。⑥ 众:民众。得众:指赢得民心。⑦ 昵:亲附。

大叔完聚①,缮甲兵②,具卒乘③,将袭郑。夫人将启之④。公闻其期,曰:"可矣!"命子封帅车二百乘以伐京⑤。京叛大叔段。段入于鄢⑥。公伐诸鄢⑦。五月辛丑⑧,大叔出奔共。

遂置姜氏于城颍⑨,而誓之曰:"不及黄泉,无相见也⑩。"既而悔之。

【注释】

① 完:修缮。聚:积聚。这两个动词后面都省略了宾语。② 缮:修整。甲:铠甲。兵:武器。③ 具:备齐。卒:步兵。乘(shèng):兵车。④ 启之:替他打开城门。启,开。⑤ 帅:率领。乘:一车四马叫一乘。春秋时用兵车作战,车一乘配备甲士三人,步卒七十二人。⑥ 鄢(yān):郑邑,在今河南省鄢陵县境。⑦ 诸:"之于"的合音字。⑧ 辛丑:古代用干支记日。甲、乙、丙、丁、戊、己、庚、辛是十天干,子、丑、寅、卯、辰、巳、午、未、申、酉、戌、亥是十二地支。天干和地支互相配合,循环推算。如甲子、乙丑、丙寅等。六

十天一循环。辛丑是五月二十三日。以下各篇的干支直接译出，不再加注。⑨ 城颍：郑邑，在今河南省临颍县西北。⑩ 黄泉：黄土下之泉，这里借指墓穴。这两句说，生前不愿意再见到姜氏。

颍考叔为颍谷封人①，闻之，有献于公。公赐之食。食舍肉②。公问之，对曰："小人有母③，皆尝小人之食矣④，未尝君之羹⑤。请以遗之⑥。"公曰："尔有母遗，繄我独无⑦！"颍孝叔曰："敢问何谓也？"公语之故，且告之悔。对曰："君何患焉？若阙地及泉⑧，隧而相见⑨，其谁曰不然⑩？"公从之。公入而赋⑪："大隧之中，其乐也融融⑫！"姜出而赋："大隧之外，其乐也泄泄⑬！"遂为母子如初。

君子曰⑭："颍考叔，纯孝也。爱其母，施及庄公⑮。《诗》曰：'孝子不匮，永锡尔类⑯。'其是之谓乎⑰？"

【注释】

① 颍谷：郑边邑，在今河南省登封西南。封人：管理边界的长官。② 舍(shě)：放着。③ 小人：自己的谦称。④ 尝：品尝，这里指吃。⑤ 羹：调和五味做成的带汁的肉食。⑥ 遗(wèi)：送给。⑦ 繄(yì)：语气助词，无实义。⑧ 阙：通"掘"，挖。⑨ 隧：地道。这里用作动词，指挖隧道。⑩ 其：表示反诘的语气词。然：这样。指黄泉相见。⑪ 赋：做诗。⑫ 融融：快乐融洽的样子。⑬ 泄泄(yì)：快乐

舒畅的样子。⑭ 君子:有道德或有名位的人。《左传》常托君子的话对事情进行评论。⑮ 施(yì):延及。⑯“《诗》曰”二句:见《诗·大雅·既醉》。匮(kuì),穷尽。锡,同“赐”,给与。⑰ 其是之谓乎:“其谓是乎”的倒装。其,副词,相当于“或许”,大概。是,代词,这。之,结构助词。

【翻译】

当初,郑武公从申国娶了个女子,即武姜,生下了庄公和共叔段。庄公是脚先于头出生的,使姜氏受到了惊吓,所以取名叫“寤生”,武姜因此而讨厌庄公。武姜宠爱共叔段,想把他立为太子,多次向武公请求,武公都没有答应。等到郑庄公当了国君,武姜替共叔段请求把制作为他的封邑。庄公说:“制是一个险要的城邑,虢叔就死在那里。如果要求别的城邑,我都听从吩咐。”武姜又替共叔段请求封给他京邑,庄公就让共叔段住在那里,称他为京城太叔。

祭仲说:“一个都邑,城墙每边超过了三百丈,那就是国家的祸害了。先王定的规矩,大的都邑,不能超过国都城墙的三分之一;中等的都邑,不能超过五分之一;小的都邑,不能超过九分之一。现在京邑的城墙不合法度,这不是先王定下的规矩,您将要受不了的。”庄公说:“姜氏要这么办,我哪里能避开祸害呢?”祭仲回答说:“姜氏有什么能满足得了呢?不如早点给共叔段作出处置,不要让他的势力滋长蔓延。蔓延开来,就很难想出办法来对付他了。蔓延起来的野草尚且除不掉,何况是国君尊贵的兄弟呢?”庄公说:“多干坏事,必然自取灭亡,您且等着吧!”

过了不久,太叔就命令西面和北面边境的城邑也同时归他管辖。公子吕说:“一个国家经不起两方共管,您打算怎么办?如果想把国家给了太叔,我就请求去事奉他;如果不给,就请干掉他,不要让百姓产生别的心思。”庄公说:“用不着,他会自己遭殃的。”大叔又把双方共管的地方收作自己的属邑,一直到廪延这个地方。公子吕说:“可以下手了。他地盘扩大将会赢得民心。”庄公说:“不合道义,百姓就不会亲附;地盘扩大,也将会垮掉。”

大叔修筑城池,积聚粮草,修整铠甲武器,备齐步兵和战车,将要偷袭郑国国都。武姜也打算从内替他打开国都的城门。庄公听到了大叔发兵的日期,就说:“可以动手了。”他命令公子吕率领二百辆战车去攻打京邑。京邑的百姓反叛了共叔段。共叔段就退入鄢地。庄公又到鄢地攻打他。五月二十三日,共叔段就逃亡到共国去了。

于是庄公把姜氏安置到城颍,并且向她发誓说:“不到地下黄泉,就别再见面了。”过后,又后悔这么做。

颍考叔是颍谷管理边境的官员,听说这件事,就特意准备些物品献给庄公。庄公赏给他一顿饭食。吃饭的时候颍考叔把肉放在一边不吃。庄公问他为什么。颍考叔回答说:“我有个母亲,我的食物她都吃过了,只是从来没有吃过君王赏的肉羹,请让我拿去送给她。”庄公说:“你有母亲可以送东西给她吃,唯独我就没有。”颍考叔说:“我冒昧问一下这话怎么讲?”庄公把其中的缘故讲给他听,并且把自己的懊悔告诉他。颍考叔说:“您何必担心这件事呢?如果掘地见水,打成隧道见面,谁说这不是在黄泉相见?”庄公就照他的话去做。庄公进入隧道,赋诗说:“大隧当中,心里乐融融。”姜氏走出隧道,赋诗说:“大隧外头,心里乐悠悠。”于是母子相处又跟从前一样了。

君子说："颍考叔是真正的孝顺啊！爱自己的母亲，还扩大影响了庄公。《诗》上说：'孝子的德行不会穷尽，永远能分给跟你同类的人。'大概就是说这种事情吧！"

二、卫石碏大义灭亲

本篇选自鲁隐公三年(前720)、四年。卫庄公纵容和宠爱公子州吁,酿成了桓公被杀、国内大乱的严重后果。老臣石碏事先看出了祸事的征兆,向庄公指出了骄奢淫泆之害,进行了劝谏。祸乱发生时,告老在家的石碏又设计杀掉了罪魁祸首州吁和自己助纣为虐的儿子石厚,安定了卫国。本篇真实地再现了这位忠贞机智、正气凛然的老臣形象,“大义灭亲”的故事也一直为后人传诵。

卫庄公娶于齐东宫得臣之妹①,曰庄姜②,美而无子,卫人所为赋《硕人》也③。又娶于陈④,曰厉妫⑤。生孝伯,早死。其娣戴妫⑥,生桓公,庄姜以为己子。

【注释】

① 卫:姬姓国,侯爵,在今河南省淇县和滑县一带。

齐:姜姓国,侯爵,在今山东省中部临淄一带。东宫:太子住的宫室,借指太子。得臣:齐庄公的太子。② 庄姜:"庄"是丈夫的谥号,"姜"是母家的姓。③《硕人》:《诗·卫风》篇名,是赞美庄姜的诗。④ 陈:妫姓国,侯爵,在今河南开封市东、安徽亳州北。⑤ 厉妫(guī):"厉"是谥号,"妫"是母家的姓。⑥ 娣:随嫁的妹妹。戴妫:"戴"是谥号,"妫"是母家的姓。

公子州吁,嬖人之子也①,有宠而好兵,公弗禁。庄姜恶之。石碏谏曰②:"臣闻爱子,教之以义方,弗纳于邪③。骄、奢、淫、泆④,所自邪也⑤。四者之来,宠禄过也。将立州吁,乃定之矣;若犹未也,阶之为祸⑥。夫宠而不骄,骄而能降⑦,降而不憾⑧,憾而能眕者⑨,鲜矣⑩。且夫贱妨贵,少陵长,远间亲,新间旧,小加大,淫破义,所谓六逆也。君义,臣行,父慈,子孝,兄爱,弟敬,所谓六顺也⑪。去顺效逆,所以速祸也⑫。君人者⑬,将祸是务去⑭,而速之,无乃不可乎⑮?"弗听。其子厚与州吁游,禁之,不可。桓公立⑯,乃老⑰。(以上隐公三年)

【注释】

① 嬖(bì)人:卑贱而受宠的人。这里指庄公的爱妾。② 石碏(què):卫大夫。③ 纳:入。④ 泆(yì):放纵。⑤ 所自邪:犹言邪之所自。⑥ 阶:阶梯。这里用作动词。阶之为祸,逐步引导他走上祸乱。⑦ 降:指受贬黜而地位下降。

⑧ 憾：恨。⑨ 眕(zhěn)：克制。⑩ 鲜(xiǎn)：少。⑪“且夫”七句：这既是石碏统论巩固贵族政权的道理，又是针对州吁企图篡夺桓公的地位而说的。贱妨贵，就地位而言；少陵长，就年龄而言；远间亲，就亲疏而言；新间旧，就历史关系而言；小加大，就势力而言；淫破义，就正义与否而言。⑫ 速祸：使灾祸很快到来。⑬ 君人：为人之君。⑭ 祸是务去：“务去祸”的倒装。⑮ 无乃不可乎：怕是不妥吧！“无乃……乎”是古汉语的固定句式，表示委婉的反问，相当于“恐怕(大概)……吧”。⑯ 桓公立：在周平王三十七年(前734)。⑰ 老：告老退休。

四年春，卫州吁弑桓公而立①。……

州吁未能和其民②，厚问定君于石子③。石子曰：“王觐为可④。”曰：“何以得觐？”曰：“陈桓公方有宠于王⑤。陈、卫方睦，若朝陈使请⑥，必可得也。”厚从州吁如陈⑦。石碏使告于陈曰：“卫国褊小⑧，老夫耄矣⑨，无能为也。此二人者，实弑寡君，敢即图之⑩。”陈人执之，而请涖于卫⑪。九月，卫人使右宰丑涖杀州吁于濮⑫。石碏使其宰獳羊肩涖杀石厚于陈⑬。

君子曰：“石碏，纯臣也。恶州吁而厚与焉⑭。‘大义灭亲’，其是之谓乎！”

【注释】

① 弑(shì)：下杀上称弑，如臣弑君，子弑父。② 和其

民：使其民和睦安定。③ 定君：安定君位。石子：指石碏。④ 覲（jìn）：诸侯朝见天子。⑤ 陈：妫姓国，国都宛丘，在今河南省淮阳县。⑥ 朝：朝见。诸侯见天子或诸侯相见都可称朝。⑦ 如：往。⑧ 褊（biǎn）小：狭小。⑨ 耄（mào）：年老。⑩ 敢：冒昧的意思，用于有所请求的场合，表示谦虚。即：就，趁。图：谋。⑪ 涖（lì）：临，前来。⑫ 右宰：卫国官名。丑：人名。濮：陈地。在今安徽省亳州东南。⑬ 宰：家臣。⑭ 与（yù）：参与，指一起被杀。

【翻译】

卫庄公娶了齐国太子得臣的妹妹，名叫庄姜。庄姜容貌美丽却没有孩子，卫国人为她作了一首《硕人》的诗。后来，卫庄公又从陈国娶了个女子，名叫厉妫。厉妫生下孝伯，孝伯很早就死了。厉妫随嫁的妹妹戴妫生了卫桓公，庄姜就把桓公当成自己的儿子。

公子州吁，是庄公宠妾的儿子，受到庄公宠爱并且喜欢武事，庄公也不加以禁止。庄姜很讨厌他。石碏向庄公进谏说："我听说疼爱孩子，应该用正当的道理去教导他，不要让他走上邪路。骄横、奢侈、淫乱、放纵，是导致邪恶的四种毛病。这四种毛病的产生，是由于给他的宠爱和俸禄都过了头。国君如果要立州吁为太子，那就确定他的地位；如果还没有拿定主意，就会逐步地引导他酿成祸乱。大凡受到宠爱而不骄横、骄横而能安于地位下降、地位下降而不产生怨恨、产生怨恨而能够克制的人，这种人是很少的。而且，低贱妨害高贵，年轻欺凌年长，疏远离间亲近，新进离间故旧，弱小压迫强大，淫邪败坏道义，这是六种逆理的事。国君行事得当，臣子奉行君命，父亲慈爱儿子，儿子孝顺父母，兄长爱护弟弟，弟弟敬爱兄长，这是六种顺理的事。背离顺理的事而效法逆理的事，这就是使祸患很快降临的原因。作为统治民众的君主，应该尽力除去祸患，而您却让祸患很快降临，恐怕不能这样吧！”卫庄公听不进去。石碏的儿子石厚和州吁交往，石碏加以制止，但制止不了。等到卫桓公即位，石碏就告老退休了。

鲁桓公四年的春季，卫国的州吁杀掉了卫桓公而自己做了国君。……

州吁没法使他的百姓和睦安定，于是石厚就向石碏请教安定君位的办法。石碏说：“朝见周天子就能够安定君位了。”石厚问：“用什么办法能朝见周天子呢？”石碏回答：“陈桓公正受到周天子的宠信，陈国和卫国关系又正密切，如果去朝见陈桓公，让他向周天子请求，就一定能办到。”石厚就跟着州吁到陈国去。石碏派人告诉陈国说：“卫国国土狭小，我老头子老了，不能干什么了。这两个人，正是杀死了我国国君的凶犯，请趁此机会想法处置他们。”陈国人把这两人抓了起来，并且请求卫国派人前来处理。九月，卫国派右宰丑前来，在濮地杀了州吁。石碏又派他的家臣獳羊肩前来，在陈国杀了石厚。

君子说：“石碏真是一位完美的忠臣，憎恨州吁而把石厚也一起杀了。‘大义灭亲’，就是说的这种情况吧！”

三、 齐连称、管至父之乱

本篇选自鲁庄公八年(前 686)。记述了齐桓公即位以前发生在齐国统治阶级内部的一次大动乱,齐襄公被杀,公子纠被迫流亡。发生动乱的根源是齐襄公荒淫暴虐,政令无常。而连称、管至父戍期已满不能按时替换,公孙无知被削减了待遇,以致三人合谋,却是这次动乱的直接原因。

文章对襄公出猎遇彭生,坠车失屦,以及侍人费等诸小臣为襄公战死的种种情状,描写得历历如在眼前。而连称、管至父怎样跟公孙无知勾结策划,连称的堂妹如何刺探襄公的动静,却一概作了省略,让读者通过这些人物的身份、性格去想象和补充,读来却不感到疏漏和残缺,在记述的详略繁简上很有特色。

齐侯使连称、管至父戍葵丘①，瓜时而往，曰：“及瓜而代。”期戍②，公问不至③。请代，弗许，故谋作乱。

僖公之母弟曰夷仲年④，生公孙无知⑤。有宠于僖公，衣服礼秩如適⑥。襄公绌之⑦。二人因之以作乱⑧。连称有从妹在公宫⑨，无宠。使间公⑩，曰：“捷⑪，吾以汝为夫人。”

【注释】

① 齐侯：齐襄公，名诸儿，齐僖公之子。连称、管至父：两人都是齐国大夫。葵丘：齐地，在今山东省临淄区东。② 期（jī）：同“朞”，一周年。③ 问：消息，指替换的命令。④ 母弟：同母的弟弟。⑤ 公孙无知：齐庄公之孙，所以称公孙，无知是名。他是襄公的堂弟。⑥ 礼秩：待遇的等级。適（dí）：同“嫡”。正妻所生的长子。这里指太子。⑦ 绌：同“黜”，降等，裁减。⑧ 因：倚仗，凭借。⑨ 从妹：堂妹。⑩ 间（jiàn）：刺探情况。这句话是说，让她刺探襄公的情况，以便找机会下手。⑪ 捷：成功。

冬十二月，齐侯游于姑棼①，遂田于贝丘②。见大豕③，从者曰：“公子彭生也④。”公怒曰：“彭生敢见！”射之，豕人立而啼⑤。公惧，队于车⑥。伤足，丧屦⑦。

反，诛屦于徒人费⑧。弗得，鞭之见血。走出，遇贼于门。劫而束之。费曰：“我奚御哉⑨！”袒而示之背⑩。信之。费请先入，伏公而出⑪。斗，死于门

中。石之纷如死于阶下⑫。遂入，杀孟阳于床⑬。曰："非君也，不类⑭。"见公之足于户下，遂弑之，而立无知。

【注释】

① 姑棼：齐地，在今山东省博兴县东北。② 田：打猎。贝丘：齐地，在姑棼之南。③ 豕(shǐ)：猪，此指野猪。④ 公子彭生：齐国的大夫。八年前，鲁桓公和夫人文姜(齐襄公的妹妹)到齐国。齐襄公与文姜通奸，被鲁桓公发觉。襄公就指使公子彭生杀死了鲁桓公。后来鲁国提出质问，襄公又杀了彭生以推卸罪责。事见《左传·桓公十八年》。这两句说：襄公看见的是野猪，而随从们看见的是公子彭生。⑤ 人立：像人一样站立。人是立的状语。⑥ 队：同"坠"。⑦ 丧：丢失。屦(jù)：鞋。⑧ 诛：责问，追究。徒人：春秋时无徒人之称，当作"侍人"。侍人即寺人，古代宫中小臣。⑨ 御：抵挡，抵抗。⑩ 袒：脱去上衣，露出部分身体。⑪ 伏：藏起来。⑫ 石之纷如：大约也是寺人，参加格斗而死。⑬ 孟阳：大约也是寺人，躺在床上伪装成襄公而被杀。⑭ 类：相像。

初，襄公立，无常①。鲍叔牙曰②："君使民慢③，乱将作矣！"奉公子小白出奔莒④。乱作，管夷吾、召忽奉公子纠来奔⑤。

【注释】

① 无常：指言行没有准则。② 鲍叔牙：齐大夫，公子

小白的师傅。③ 慢：倨傲，不慎重。指使用民力不当。④ 公子小白：齐襄公的庶弟，公孙无知被杀后，回国自立为君，即齐桓公。莒（jǔ）：齐国东面的嬴姓小国，在今山东省莒县。⑤ 管夷吾、召忽：两人都是公子纠的师傅。管夷吾即管仲，后相齐桓公。公子纠：小白的庶兄。来奔：逃来鲁国。《左传》以鲁国为本体记载史实，所以到鲁国称“来”。

【翻译】

齐襄公派连称和管至父去驻守葵丘，瓜熟的时候前往。齐襄公说：“到了明年瓜熟时节就派人去接替你们。”一年的驻守期满了，襄公派人替换的命令还没有下达。连称和管至父请求替换，襄公不允许。所以这两个人就商量发动叛乱。

齐僖公一母所生的弟弟叫夷仲年，生了公孙无知。公孙无知得到僖公的宠爱，他的衣物服饰和待遇等级都跟太子一样。襄公即位以后，把公孙无知的待遇减了等。连称、管至父两人就想倚仗公孙无知发动叛乱。连称有个堂妹在襄公宫里，不受宠爱。公孙无知就让她窥探襄公的行动，还对她说：“事情成功了，我就让你当夫人。”

这年冬季十二月。齐襄公到姑棼游玩，就在贝丘打猎。襄公看见一只大野猪，随从们说：“这是公子彭生！”襄公大怒说：“彭生竟敢现形？”就拿箭来射它。野猪像人一样站立起来嗥叫。襄公很害怕，从车上跌下来，跌伤了脚，还丢掉了鞋子。

打猎回来，襄公向侍从的小官费追究鞋子的下落。费找不着鞋子，襄公就用鞭子抽他，打得见了血。费跑出宫外，在门口遇上了反贼。反贼劫持他并且把他捆上。费说："我难道会抵抗你们吗？"就脱了衣服把背伤给他们看。反贼相信了他的话。费请求先进宫去探明情况，趁机把襄公藏好再出来。他跟反贼搏斗，战死在门中。石之纷如也战死在台阶下。反贼入宫，在床上杀死了孟阳。反贼说："这不是国君，相貌不像。"看见襄公的脚露在门扇下边，就把襄公杀了，而把公孙无知立为国君。

当初，襄公即位的时候，一举一动都没有准则。鲍叔牙说："国君役使百姓倨傲放肆，乱子就快要发生了。"就事奉公子小白逃奔莒国。叛乱发生，管仲和召忽就事奉公子纠逃奔鲁国。

四、曹刿论战

本篇选自鲁庄公十年(前 684)。齐鲁长勺之战是我国古代战争史上一次以弱胜强的著名战例。本篇不重在表现战争本身,而以曹刿所论述的靠什么作战和如何作战作为叙写重点。毛泽东在《中国革命战争的战略问题》中曾经用这个战例阐明了“敌疲我打”的方针和战略防御的原则。

文章一开头,就借曹刿“肉食者鄙,未能远谋”八个字概括了当权贵族的昏庸无能。接着写曹刿在战争之前,如何考察战争的政治准备;战争开始之时,如何积蓄士气;敌人溃逃之际,如何判断敌情。战争中写“战”写“逐”,都极简略地用“未可”和“可矣”带过。战争胜利之后,才让曹刿具体分析得胜的原因。写法层层进逼,引人入胜,而曹刿胸有成竹、指挥如意的大将风度也生动地凸现在读者眼前,与“肉食者鄙”形成了鲜明的对照。

十年春，齐师伐我①。公将战②，曹刿请见③。其乡人曰④："肉食者谋之⑤，又何间焉⑥？"刿曰："肉食者鄙⑦，未能远谋。"乃入见。

问："何以战？"公曰："衣食所安，弗敢专也⑧，必以分人。"对曰："小惠未徧，民弗从也。"公曰："牺牲玉帛⑨，弗敢加也⑩，必以信⑪。"对曰："小信未孚⑫，神弗福也。"公曰："小大之狱⑬，虽不能察，必以情⑭。"对曰："忠之属也，可以一战。战则请从⑮。"

【注释】

① 我：指鲁国。《左传》作者以鲁君年号记事并站在鲁国立场，所以称鲁国为我。齐伐鲁，是因为去年鲁国曾用武力送齐公子纠回国争夺君位，所以齐桓公即位之后，就向鲁国寻仇。② 公：指鲁庄公。③ 曹刿（guì）：鲁国人。④ 乡：春秋时行政基层单位，传说以一万二千五百户为一乡。⑤ 肉食者：指在位的贵族。当时大夫以上每日食肉，所以用"肉食者"指称他们。⑥ 间（jiàn）：原义指间隙，引申为插入间隙，即参与的意思。⑦ 鄙：鄙陋，指见识短。⑧ 专：专有，独占。⑨ 牺牲：指牛羊猪等祭品。⑩ 加：浮夸不实。与下句的"信"意义正相反。⑪ 信：真实。"必以信"和下文"必以情"的后面都省略了谓语动词。⑫ 孚（fú）：为人所信服。⑬ 狱：诉讼案件。⑭ 情：真实的心意。必以情，用真心实意来审理案件。⑮ 从：跟随。

公与之乘[①]，战于长勺[②]。公将鼓之[③]，刿曰："未可。"齐人三鼓。刿曰："可矣。"齐师败绩[④]。公将驰之。刿曰："未可。"下，视其辙[⑤]，登轼而望之[⑥]，曰："可矣。"遂逐齐师。

既克，公问其故。对曰："夫战[⑦]，勇气也。一鼓作气[⑧]，再而衰[⑨]，三而竭。彼竭我盈，故克之。夫大国，难测也，惧有伏焉。吾视其辙乱，望其旗靡[⑩]，故逐之。"

【注释】

① 乘：乘车。② 长勺：鲁地。今已不详，一说在今山东省曲阜北境。③ 鼓：击鼓。这是进攻的号令。④ 败绩：本义是翻车（败通"不"，绩通"迹"，轨迹。），古代用车战，车翻不能循迹而行，所以引申为大败。⑤ 辙：车轮经过留下的印迹。⑥ 轼（shì）：车厢前部的横木。登轼，站在车轼上，这是全车的最高点，便于望远。⑦ 夫（fú）：语气词，用于议论或叙述的开端。⑧ 作：起。⑨ 再：第二次。⑩ 靡：倒下。

【翻译】

鲁庄公十年的春天，齐国军队攻打我国。庄公将要迎战，曹刿请求见庄公。他的乡亲们说："吃肉的人会筹划这件事，你何必搀和到里边去呢？"曹刿说："吃肉的人见识浅陋，不能深谋远虑。"于是入朝拜见鲁庄公。

曹刿问庄公："您依靠什么打这一仗？"庄公说："穿的吃的这一类用来安定生活的物品，我不敢自个儿享用，一定要拿来分些给别人。”曹刿回答说：“小恩小惠还没有普遍地给予每一个人，百姓是不会服从您的。”庄公说：“祭神的三牲、宝玉和绢绸，我不敢谎报，一定要如实对待这件事。”曹刿回答说：“这点小小的信用还不能使神信任，神是不会保佑您的。”庄公说：“大大小小的官司案子，虽然不能一一调查清楚，也一定要用真心实意来审理。”曹刿回答说：“这是尽心竭力为百姓做好事的一种表现，可以凭这一点打一仗。打仗的时候，请让我跟您一块儿去。”

庄公和曹刿同乘一辆战车，在长勺跟齐军交战。庄公打算击鼓进兵，曹刿说：“还不行。”齐军已经敲了三次鼓，曹刿才说：“可以了。”结果齐军大败。庄公准备驱车追击齐军，曹刿说：“还不行。”他下了车，察看了齐军的车轮印子，又登上车前的横木上瞭望齐军，然后说：“可以了。”这才追击齐军。

打了胜仗之后，庄公问他得胜的原因。曹刿回答说：“说到战争，靠的是勇气。第一次击鼓，士兵们鼓足了勇气；第二次击鼓，勇气就衰退了；第三次击鼓，勇气就消失干净了。对方的勇气消失干净，我们的勇气却正饱满，所以战胜了他们。至于大国的用兵，那是难以捉摸的。我担心有伏兵在那里。后来，我看到他们的车轮印子乱七八糟，望见他们的旗子东歪西倒，所以才追击他们。”

五、齐桓公伐楚

本篇选自鲁僖公四年(前 656)。齐桓公即位后,任用贤臣,发展经济,国力强大起来。他为了巩固霸主地位,就打着尊王的旗号,去号令诸侯。这次纠合八国之兵伐楚,就是他经营霸业的一次重要行动。

齐桓公一开始就倚强恃众,来势汹汹,给楚国罗织了"包茅不入"和"昭王不复"这两条罪状,声称自己有权征讨,表现得义正辞严。接着以"同好"为笼络,说起来委婉动听。最后用武力威慑,转眼间又锋芒毕露。其霸主权术可谓施展得淋漓尽致。面对齐国的软硬兼施,层层进逼,楚国也以实力为后盾,针锋相对,从容应付。其辞令也时而诙谐戏谑,时而和顺谦恭,时而激昂慷慨。齐桓公无可奈何,只得草草了事,结盟而回。文章只有几百字,以记言为主,却把齐楚两大国的斗争,写得充满变化,活灵活现。

四年春，齐侯以诸侯之师侵蔡①，蔡溃，遂伐楚②。

楚子使与师言曰③：“君处北海④，寡人处南海，唯是风马牛不相及也⑤。不虞君之涉吾地也⑥，何故？”管仲对曰：“昔召康公命我先君大公曰⑦：‘五侯九伯⑧，女实征之⑨，以夹辅周室。’赐我先君履⑩：东至于海⑪，西至于河⑫，南至于穆陵⑬，北至于无棣⑭。尔贡包茅不入⑮，王祭不共⑯，无以缩酒⑰，寡人是征⑱；昭王南征而不复⑲，寡人是问。”对曰：“贡之不入，寡君之罪也，敢不共给⑳？昭王之不复，君其问诸水滨㉑。”师进，次于陉㉒。

【注释】

① 诸侯之师：据《春秋》记载，这次参加侵蔡的还有鲁、宋、陈、卫、郑、许、曹等国。蔡：姬姓小国，侯爵。在今河南省上蔡、新蔡一带。② 楚：芈（mǐ）姓国，子爵，但楚君自称为王；楚国拥有长江中游大片地区，国都在郢，即今湖北省荆州市郊的纪南城。③ 楚子：楚成王。④ 北海：北海和下句南海都泛指南北极远之地，不实指大海。⑤ 唯是：连词，因此。风：公畜和母畜在发情期互相追逐挑逗。这句譬喻齐楚相距甚远，互不相干。⑥ 虞：料想。涉：蹚水而过。这里是表示进入的意思，避免说进攻。⑦ 召（shào）康公：周文王的庶子召公奭（shì），曾和周公旦共同辅佐周成王。召（今陕西省凤翔县）是他的封邑，康是谥号。先君：本国已故的国君。大（tài）公：即姜太公，名尚。曾助周灭商有功，被封为齐国的第一位国君。⑧ 五侯：公、侯、伯、子、男等五等爵位的诸侯。九伯：九州的长官。五侯九伯，

泛指列国诸侯。⑨ 女:同“汝”,你。实:语气词,表示命令。⑩ 履:践踏。这里用作名词,指所履之地,即齐国有权征讨的范围。⑪ 海:指今黄海和渤海。⑫ 河:黄河。⑬ 穆陵:今湖北麻城市北的穆陵山,当时属楚境。⑭ 无棣:今卢龙县。⑮ 包:裹束。茅:菁茅。⑯ 共(gōng):同“供”,供给。⑰ 缩酒:渗滤酒渣。古代祭祀时,把酒浇在包茅上,酒渣就留在茅中,酒液则渗透下流,古人认为这是神在享用。⑱ 寡人是征:“寡人征是”的倒装。征,责问。是,代词,指代“包茅不入”这件事,作“征”的前置宾语。下句“寡人是问”语法结构和这句相同。问,责问,追究。⑲ “昭王”句:周成王的孙子周昭王,晚年荒于国政,南巡渡过汉水时,当地人故意给他一只用胶粘合的船。船到江心沉没,昭王溺死。周昭王死于公元前 948 年,齐桓公找了这件将近三百年前的事,只是作为伐楚的借口。⑳ 敢:岂敢。表谦敬的副词。㉑ 其:语气副词,表示委婉的意味。诸:“之于”的合音字。当时楚境还未到汉水流域,“问诸水滨”,即声称昭王之死不能由楚国负责。㉒ 次:临时驻扎。陉(xíng):楚地,在今河南省偃师。

夏,楚子使屈完如师[①]。师退,次于召陵[②]。

齐侯陈诸侯之师,与屈完乘而观之。齐侯曰:“岂不穀是为?先君之好是继[③]。与不穀同好,如何?”对曰:“君惠徼福于敝邑之社稷[④],辱收寡君[⑤],寡君之愿也。”齐侯曰:“以此众战[⑥],谁能御之?以此攻城,何城不克?”对曰:“君若以德绥诸侯[⑦],谁敢不服?君若以力,楚国方城以为城[⑧],汉水以为池,虽众,无所

用之！”

屈完及诸侯盟⑨。

【注释】

① 屈完：楚大夫。如：往，到。师：指齐侯率领的各诸侯国驻在陉地的军队。② 召（shào）陵：楚地，在今河南省郾城区东。③“岂不穀”二句：“岂为不穀，为继先君之好”的倒装句。是，结构助词，起宾语提前的作用。不穀，不善，诸侯对自己的谦称。④ 惠：表示恭敬的副词，意思是对方的行动对自己是恩惠。徼（yāo）：求。敝邑：对自己国家的谦称。社稷：土神和谷神，用来指称国家。⑤ 辱：表示谦敬的副词，意思是，对方这样做是受屈了。⑥ 众：指上文的“诸侯之师”。⑦ 绥（suí）：安抚。⑧ 方城：楚国对现今大别山、桐柏山一带山脉的统称，在楚国北境。⑨ 盟：订立盟约。

【翻译】

鲁僖公四年的春天，齐桓公率领诸侯国的军队进攻蔡国。蔡国溃败，于是又去讨伐楚国。

楚成王派使臣对齐国军队中的齐桓公说：“您住在极北，我住在极南，因此牛马发情互相追逐也跑不到彼此的疆界。想不到您竟来到我们的国土，这是什么缘故？”管仲回答说：“从前召康公命令我们先君太公说：‘五等诸侯、九州首领，你都可以征讨他们，以便共同辅佐周王室。’颁赐了我们先君有权征讨的范围：东到海边，西到黄河，南到穆陵，北到无棣。你们应当进贡的苞茅没有交纳，周王室的祭祀供给不上，没有用来渗滤酒糟的东西，这件事情我要追究；周昭王巡行南方没有回来，这件事情我要查问。”楚国的使臣回答说：“贡品没有交纳，这是我们国君的过错，我们哪里敢不供给呢？至于周昭王巡行没有回去，您还是请到水边去问一问吧！”于是，诸侯联军继续进兵，临时驻扎在陉地。

当年夏天，楚成王派屈完到诸侯军中去交涉。诸侯军后撤，在召陵临时扎营。

齐桓公让诸侯国的军队摆开阵势，跟屈完同坐一辆战车检阅他们。齐桓公说：“他们难道是为了我吗？只不过是为了继承我们上代君王的友好交往罢了。你们跟我们共同继承这友好关系，怎么样？”屈完回答说：“君王光临敝国并为我们的国家祈求福泽，承蒙您接纳我们国君，这正是我们国君的意愿啊。”齐桓公说：“我率领这些军队作战，谁能够抵挡他们？用这些军队攻城，什么样的城攻不破？”屈完回答说：“您如果凭借仁德来安抚诸侯，谁敢不服？君王如果想靠武力对付我们，那么，我们楚国把方城山当作城墙、把汉水当作护城河，您的军队虽然很多，也没有地方用得上。”

屈完代表楚国跟诸侯国订立了盟约。

六、宫之奇谏假道

本篇选自鲁僖公二年(前658)、五年。在齐桓公建立霸业的同时,晋献公也在向外扩张,吞并小国。晋国的近邻虢国和虞国,就成了他扩张势力的牺牲品。

晋国两次假道伐虢。第一次假道,主要写荀息的计谋和他对宫之奇为人的分析。至于宫之奇如何进谏,却略去不提,留在第二次假道时再详细叙述。第二次假道是本篇的重点,主要写宫之奇对虞公的三次劝谏。第一次是论势,说明虞虢两国唇齿相依的地理形势和利害关系。第二次是论情,针对虞君认为同宗可以免害的思想,指出晋献公"亲以宠逼,犹尚害之",他对虞国只有利害关系,而无亲情可言。第三次是论理,批驳了虞君对神明庇佑的迷信,指出国家的存亡不在于鬼神,而在于国君是否施德于民,反映了春秋初期的民本思想。但虞君利令智昏,不听良言,终于亡国被俘。文章首尾呼应,层次井然,在材料的剪裁和人物的刻画方面颇具特色。

晋荀息请以屈产之乘与垂棘之璧①，假道于虞以伐虢②。公曰③："是吾宝也④。"对曰："若得道于虞，犹外府也。"公曰："宫之奇存焉⑤。"对曰："宫之奇之为人也，懦而不能强谏。且少长于君，君昵之⑥。虽谏，将不听。"乃使荀息假道于虞，曰："冀为不道⑦，入自颠軨⑧，伐鄍三门⑨。冀之既病⑩，则亦唯君故。今虢为不道，保于逆旅⑪，以侵敝邑之南鄙。敢请假道，以请罪于虢⑫。"虞公许之，且请先伐虢。宫之奇谏，不听，遂起师。夏，晋里克、荀息帅师会虞师⑬，伐虢，灭下阳⑭。（以上僖公二年）

【注释】

① 晋：姬姓国，侯爵。在今山西省西南部，这时的国都在绛（今山西省翼城县东南）。荀息：晋大夫。屈：晋邑，在今山西省吉县，出产良马。乘：四匹马，这里用作马的泛称。垂棘：地名，在今山西省潞城，出产美玉。② 虞：姬姓国，公爵。在今山西省平陆县东北。虢（guó）：姬姓国，公爵。在今山西省平陆县南。假道：借路。虞在晋之南，虢又在虞之南。晋伐虢，需经过虞境。③ 公：晋献公，名诡诸。④ 是：代词，指代"屈产之乘与垂棘之璧"。⑤ 宫之奇：虞国的贤臣。⑥ 昵：亲近。这里含有不尊重的意思。⑦ 冀：国名，在今山西省河津东北。不道：无道。⑧ 颠軨（líng）：地名，在今山西省平陆县北，是中条山的交通要冲。⑨ 鄍（míng）：虞邑，在今山西省平陆县东北。⑩ 病：削弱，

受损。此句指晋曾助虞伐冀，使其受损。⑪ 保：堡垒。这里作动词用，指修筑堡垒。逆旅：客舍。⑫ 请罪：问罪。⑬ 里克：晋大夫，又称里季。⑭ 下阳：虢的故都，在山西省平陆县南。

晋侯复假道于虞以伐虢。宫之奇谏曰："虢，虞之表也[①]。虢亡，虞必从之。晋不可启[②]，寇不可玩[③]。一之谓甚[④]，其可再乎[⑤]？谚所谓'辅车相依，唇亡齿寒'者[⑥]，其虞虢之谓也。"公曰："晋，吾宗也[⑦]，岂害我哉？"对曰："大伯、虞仲，大王之昭也[⑧]；大伯不从[⑨]，是以不嗣[⑩]。虢仲、虢叔，王季之穆也；为文王卿士[⑪]，勋在王室，藏于盟府[⑫]。将虢是灭[⑬]，何爱于虞？且虞能亲于桓、庄乎，其爱之也[⑭]？桓、庄之族何罪，而以为戮[⑮]，不唯偪乎？亲以宠偪，犹尚害之，况以国乎？"公曰："吾享祀丰絜[⑯]，神必据我[⑰]。"对曰："臣闻之：'鬼神非人实亲，惟德是依[⑱]。'故《周书》曰[⑲]：'皇天无亲[⑳]，惟德是辅[㉑]。'又曰：'黍稷非馨[㉒]，明德惟馨[㉓]。'又曰：'民不易物[㉔]，惟德繄物[㉕]。'如是，则非德，民不和，神不享矣。神所冯依[㉖]，将在德矣。若晋取虞，而明德以荐馨香[㉗]，神其吐之乎[㉘]？"弗听，许晋使。宫之奇以其族行[㉙]，曰："虞不腊矣[㉚]。在此行也，晋不更举矣[㉛]。"

【注释】

① 表：外面的衣服。这里指外部的屏障。② 启：开。

这里指使晋国张大其野心。③ 寇：外敌。玩：轻忽，不在意而放松了警惕。④ 甚：过分，厉害。⑤ 其：岂。⑥ 谚：俗语。辅：车两旁的木板。古代的车，前有轼；两旁有板，称为辅；后面空无遮拦以便于上下。车载物或乘坐，必须有辅遮护，所以车和辅是互相依存的。这句用车作比喻，下句用人作比喻。⑦ 宗：同宗。晋、虞、虢都是姬姓国，同一祖先。⑧“大伯”二句：“昭”和下面的“穆”，都指古代宗庙里神主的位次。其排列法是：始祖居中，左昭右穆。即始祖之后的第一、三、五、七等奇数的代排列在左，为昭；第二、四、六、八等偶数的代排列在右，为穆。周代以后稷为始祖，大王是后稷第十二代孙，属偶数代，为穆。大伯、虞仲都是大王之子，是后稷第十三代孙，属奇数代，为昭。⑨ 从：跟随。大伯和虞仲知道大王想传位给他们的幼弟季历（即王季），于是一起出走给季历让位，所以不跟随在大王之侧。⑩ 是以：因此。嗣：继承（王位）。⑪ 卿士：执政大臣。⑫ 盟府：掌管盟誓和其他重要档案的政府部门。宫之奇以上几句话的意思是：大伯、虞仲（虞国的祖先）和王季都是大王之子，而虢仲、虢叔（虢国的祖先）却是做过周王的王季之子，跟晋国的祖先叔虞（周成王之弟、王季的曾孙）都是从王季那里分出来的。因此，从宗族关系说，晋虢的关系比晋虞的关系更亲，而且虢还有功于周王室。这是针对虞公“晋，吾宗也”说的。⑬ 将虢是灭：“将灭虢”的倒装。⑭“且虞”二句：依正常顺序，全句当作“其爱之也，且虞能亲于桓、庄乎？”其，指晋。之，指虞。桓庄，曲沃桓叔和曲沃庄伯，是晋献公的曾祖父和祖父。下句的“桓、庄之族”，指这两人的非嫡长子孙，即晋献公的同祖兄弟。⑮ 而以为戮：指晋献公用士蔿之谋，尽诛同族公子。戮（lù），杀害。见《左传》

庄公二十三年至二十五年。⑯ 丰：丰富。絜：同“洁”。⑰ 据：依附，即保佑的意思。⑱“鬼神”二句：“鬼神非亲人，惟依德”的倒装句。“实”和“是”都是结构助词，把宾语提前。下句“惟德是辅”语法结构相同。⑲《周书》：所引《周书》已失传，这里引的两句被伪古文《尚书·蔡仲之命》袭用。⑳ 皇：大。㉑ 辅：辅佐，这里可理解为保佑。㉒ 黍：黍子，去皮后叫黄米，色黄而黏。稷：小米，北方称谷子。黍稷是古代祭祀常用的谷物。馨(xīn)：散布很远的香气。㉓ 明德：使德明。惟：句中语气词，有判断的作用。㉔ 易：改变。㉕ 繄(yī)：动词，相当于“是”。㉖ 冯：同“凭”，依附。㉗ 荐：献。㉘ 吐：指不享祭品。㉙ 以：率领。㉚ 腊：年终的大祭，这里作动词用。㉛ 更：再。举：指出兵。

……

冬，十二月丙子朔[①]。晋灭虢。虢公丑奔京师[②]。师还，馆于虞[③]，遂袭虞，灭之。执虞公及其大夫井伯，以媵秦穆姬[④]，而修虞祀[⑤]，且归其职贡于王[⑥]。

【注释】

① 朔：每月初一。② 虢公丑：虢君，名丑。③ 馆：宾馆。这里用作动词，指住宾馆。④ 媵(yìng)：陪嫁的人或物品。秦穆姬：秦穆公的夫人，晋献公的女儿。⑤ 虞祀：周天子命令虞国所祭祀的虞国境内的山川之神。⑥ 职贡：劳役和贡赋。

【翻译】

晋国大夫荀息请求用屈地出产的好马和垂棘出产的玉璧向虞国借路去攻打虢国。晋献公说:“这都是我的宝物啊!”荀息回答说:“如果向虞国能借到路,这两样东西放在虞国,就好像放在国外的库房里一样。”晋献公说:“宫之奇在虞国。”荀息回答说:“宫之奇的为人,懦弱而不能够坚决进谏,而且他从小跟虞君一起长大,虞君对他亲近而不敬重,即使进谏,虞君也不会听他的。”晋献公于是派遣荀息去虞国借路,说:“冀国无道,从颠軨入侵,攻打虞国鄍邑的三个城门。冀国的被削弱,是由于我们帮助了虞君的缘故。现在虢国无道,在客舍里修筑碉堡,来侵扰敝国的南部边境。我们冒昧地请求贵国借路,以便向虢国问罪。”虞公同意了,而且请求让自己先起兵讨伐虢国。宫之奇劝阻,虞公不听他的,接着就派出了军队。夏天,晋国的里克、荀息率军和虞军会师去攻打虢国,灭掉了下阳。

……

(鲁僖公五年的秋天)晋献公再次向虞国借路去攻打虢国。宫之奇进谏说:“虢国,是虞国的外围屏障。虢国灭亡了,虞国也必定跟着被灭掉。晋国的野心不能助长,对外敌不能掉以轻心。借路给晋国,一次已经算是太过分了,难道还能来第二次吗?俗话说:‘大车和车板紧相依,嘴唇掉了就会冻牙齿。’恐怕就是说虞国和虢国的关系吧。”虞公说:“晋国是我们的同宗,难道还会谋害我们虞国吗?”宫之奇回答说:“太伯和虞仲,是太王的儿子,太伯没有跟随在父亲大王的身边,因此就没有继承周朝的王位。

虢仲和虢叔，是王季的儿子，是周文王的执政大臣，对周王室都有过功勋，记载他们功劳的文书在盟府里保存着。晋国连虢国也打算灭掉，对虞国还有什么爱惜的呢？再说晋国爱虞国，虞国能比桓叔和庄伯的子孙们对晋国更亲近吗？桓叔和庄伯的子孙有什么罪，而晋献公把他们都杀害了，不就仅仅因为感到了他们的威胁吗？至亲的人因为恃宠而威胁到晋君，尚且把他们杀害了，何况一个国家对他有威胁呢？”虞公说：“我的祭品丰盛而且干净，神明一定会保佑我。”宫之奇回答说：“我听说鬼神不会随便亲近某个人，只保佑有德行的人。所以《周书》说：‘上天对人没有亲疏，有德行的人才能得到帮助。’又说：‘黍子小米不算芳香，只有美德才是芳香远扬。’又说：‘人们的祭品并没有不同，但是有美德的人的祭品才是真正的祭品。’像《周书》所说的那样，要是没有美德，百姓就不会和睦，神明也不会享用他的祭品。神明所保佑的，只在于有美德的人。如果晋国占领了虞国，并且弘扬美德用芳香的祭品来祭献神明，神明难道会吐出来不享用吗？”

虞公不听劝谏，答应了晋国使臣的请求。于是，宫之奇就带着他的家族出走，说：“虞国不能举行年终的腊祭了。虞国灭亡就在这一回，晋国用不着再发兵了。”

……

冬季里，十二月初一，晋国灭亡了虢国。虢公丑逃到了周的都城。晋军回国途中，在虞国驻扎。趁机袭击了虞国，把它灭掉了。晋国逮住了虞公和虞国大夫井伯，把他们作为晋献公的女儿秦穆姬的陪嫁，而不废除对虞国山川之神的祭祀，还承担了虞国对周王室的劳役和贡赋。

七、晋骊姬之乱

本篇选自鲁僖公四年(前656)至六年。晋献公晚年宠爱骊姬,听信她的谗言,逼死了公子申生,公子重耳和夷吾为了避免杀身之祸而流亡国外。本篇记述了晋国这一次宫廷内乱的全过程。

《左传》对这一事件的记载,文字非常简练,内容却很完备。事件的起因、经过、结果,以及几个主要人物的行动和心理状态,都描述得非常清楚。晋献公的昏愦糊涂,骊姬的阴险狠毒,甚至卜人、士𫇭和重耳等人的各种心态都写得很真切。尤其是对太子申生这个人物,作者写他担心老父失去骊姬而不能欢度晚年,写他顾惜自己的名誉而不肯出逃,甘愿牺牲也不肯伤献公的心,把一个古代的悲剧性的孝子形象描绘得非常鲜明。

初，晋献公欲以骊姬为夫人①，卜之②，不吉；筮之③，吉。公曰：“从筮。”卜人曰：“筮短龟长④，不如从长。且其繇曰⑤：‘专之渝⑥，攘公之羭⑦。一薰一莸⑧，十年尚犹有臭。’必不可！”弗听，立之。生奚齐，其娣生卓子。

【注释】

① 骊姬：晋献公从骊戎娶的宠妃。② 卜：用龟甲占卜，根据龟甲被烧灼后的裂纹来预测吉凶。③ 筮（shì）：用蓍草占卜，根据蓍草的排列来预测吉凶。④ 短：指不很灵验。长：指灵验。⑤ 繇（zhòu）：记录占卜结果的兆辞。⑥ 专：专一。暗指对骊姬过分专宠。渝：变。⑦ 攘（rǎng）：偷，盗取。羭（yú）：公羊。暗喻太子申生。⑧ 薰：香草。莸（yóu）：臭草。这两句的意思是香气易消，恶臭难除。

及将立奚齐，既与中大夫成谋①，姬谓大子曰②：“君梦齐姜③，必速祭之！”大子祭于曲沃④，归胙于公⑤。公田，姬置诸宫六日。公至，毒而献之⑥。公祭之地⑦，地坟⑧；与犬，犬毙；与小臣⑨，小臣亦毙。姬泣曰：“贼由大子⑩。”大子奔新城⑪。公杀其傅杜原款。

【注释】

① 中大夫：晋官爵名。成谋：定计。② 大子：指申生。大，同“太”。③ 齐姜：申生的亡母。④ 曲沃：晋的旧都，晋

先君宗庙所在地，在今山西省闻喜县东。⑤ 胙（zuò）：祭祀用的酒肉。⑥ 毒：下毒。⑦ 祭之地：奠酒于地。⑧ 坟：像坟一样隆起。⑨ 小臣：在宫中服役的小吏，由阉人充当。⑩ 贼：害。指谋害献公的阴谋。⑪ 新城：即曲沃。曾为太子新筑，故名为新城。

或谓大子①：“子辞②，君必辩焉③。”大子曰：“君非姬氏，居不安，食不饱。我辞，姬必有罪。君老矣，吾又不乐④。”曰：“子其行乎？”大子曰：“君实不察其罪，被此名也以出⑤，人谁纳我⑥？”十二月戊申，缢于新城⑦。

姬遂谮二公子曰⑧：“皆知之。”重耳奔蒲⑨，夷吾奔屈⑩。（以上僖公四年）

【注释】

① 或：不定指代词，指有人或某人。② 辞：据理申辩。③ 辩：追究是非。④“君老”二句：文字上有省略，译文据文意补出。⑤ 被：蒙受。此名：指杀父之名。⑥ 纳：收容。⑦ 缢：吊死。⑧ 谮（zèn）：中伤，诬陷。二公子：即下文的重耳和夷吾。⑨ 重耳：晋献公庶子，申生的异母弟，为大戎狐姬所生，后为晋文公。蒲：重耳的采邑，在今山西省隰县西北。⑩ 夷吾：晋献公庶子，申生的异母弟，为小戎子所生，后为晋惠公。屈：夷吾的采邑，在今山西省吉县。

初，晋侯使士蔿为二公子筑蒲与屈①，不慎，置薪焉②。夷吾诉之③。公使让之④。士蔿稽首而对曰⑤："臣闻之，无丧而戚⑥，忧必雠焉⑦。无戎而城，仇必保焉⑧。寇仇之保⑨，又何慎焉？守官废命⑩，不敬；固仇之保，不忠。失敬与忠，何以事君？《诗》云：'怀德惟宁，宗子惟城⑪。'君其修德而固宗子，何城如之？三年将寻师焉⑫，焉用慎？"退而赋曰："狐裘尨茸⑬，一国三公，吾谁适从⑭？"

及难⑮，公使寺人披伐蒲⑯。重耳曰："君父之命不校⑰。"乃徇曰⑱："校者，吾仇也。"逾垣而走。披斩其祛⑲，遂出奔翟⑳。（以上僖公五年）

【注释】

① 士蔿（wěi）：晋大夫。② 薪：柴草。③ 诉：投诉。④ 让：责备。⑤ 稽首：叩头至地而稍作停顿。⑥ 戚：悲伤。⑦ 雠（chóu）：相应，相随而来。⑧ 仇：仇敌。⑨ 保：守。⑩ 守官：守职之官，命官。⑪ "《诗》云"句：见《诗·大雅·板》。怀德，不忘修德。惟，有判断作用的句中语气词。宗子，同姓子弟，指献公诸子。⑫ 寻师：用兵。⑬ 狐裘：大夫之服。尨茸（méng róng）：蓬松杂乱的样子。⑭ 适（dí）：主，专一。⑮ 难：指发生骊姬诬杀申生的祸难。⑯ 寺人：阉人。披：阉人名。⑰ 校（jiào）：抵抗。⑱ 徇：遍告，宣布。⑲ 祛（qū）：袖口。古人袖长于手，所以斩祛而手不伤。⑳ 翟：同"狄"。中国北部的部族，重耳之母大戎狐姬和夷吾之母小戎子都曾在狄居住。

六年春，晋侯使贾华伐屈①。夷吾不能守，盟而行。将奔狄，郤芮曰②：“后出同走，罪也③，不如之梁④。梁近秦而幸焉⑤。”乃之梁。（以上僖公六年）

【注释】

① 贾华：晋大夫。② 郤芮（xì ruì）：晋大夫。③ 罪：郤芮的意思是，夷吾后出走而跟重耳同奔狄国，等于证实骊姬诬陷你们二人合谋杀害献公之罪。④ 梁：嬴姓小国，在今陕西省韩城市南。⑤ 秦：嬴姓国，伯爵。当时的国都在雍（今陕西省凤翔县）。幸：宠信。

【翻译】

当初，晋献公想立骊姬当夫人，用龟甲来占卜，结果不吉利；再用蓍草占筮，结果吉利。晋献公说：“按占筮的结果办。”卜人说：“筮占不很灵验而龟卜灵验，不如依从灵验的办。而且卜卦的兆辞说：‘专宠过了分就会生出坏心，会偷走您的公羊。香草和臭草混杂在一起，过了十年还有臭味。’您一定不能这么做。”晋献公不听他的话，立骊姬做了夫人。骊姬生了奚齐，她随嫁的妹妹生了卓子。

等到将要立奚齐为太子的时候，骊姬已经跟中大夫们定好了计谋，骊姬对太子申生说：“国君梦见了你的母亲齐姜，你一定要赶快去祭祭她。”太子就到曲沃去上祭，把祭祀的酒肉带回来送给献公。晋献公打猎去了，骊姬就把祭酒祭肉在宫中放了六天。献公打猎回来，骊姬在酒肉里下了毒药才献上去。献公把酒洒在地上，地面就鼓了起来；拿肉给狗吃，狗就死了；给小臣吃，小臣也死了。骊姬就哭起来说："谋害您是太子干的呀！"太子申生逃跑到了新城，晋献公就把太子的师傅杜原款杀了。

有人对太子说："您去申辩一下，国君一定能判明是非的。"太子说："国君要是没有骊姬，睡也睡不好，吃也吃不饱。我要是去申辩，骊姬就一定有死罪。国君老了，失去骊姬一定不快活，那样，我也是不能快乐的。"那人又说："你出走吗？"太子说："国君还没有弄清骊姬的罪过，我背着这个杀父的恶名去逃亡，有谁肯收容我呢？"

十二月二十七日，太子申生在新城上吊自尽了。

骊姬就诬陷重耳和夷吾两位公子说："他们都知道申生的阴谋。"于是重耳就逃到了蒲城，夷吾逃到了屈城。

……

当初，晋献公派士蔿替重耳和夷吾修筑蒲城和屈城，不小心，把柴草掺进了土墙里。夷吾把这事向献公投诉。献公派人去斥责士蔿。士蔿叩头回答说："下臣听说，没有丧事而哀伤，忧愁一定会跟着来。没有战争而筑城，仇敌必定会来占领，又何必那么小心呢？朝廷命官而不执行命令，这是不敬；加固仇敌的城堡，这是不忠。丢弃了忠诚和尊敬，拿什么来事奉国君呢？《诗经》上说：'怀德就是安宁，宗子就是坚城。'国君如果能够修明德政并且巩固宗子的地位，什么样的城池能够比得上呢？三年之后就要用兵了，筑城又何需小心谨慎呢？"士蔿退下来就诵读一首诗说："狐皮袍子毛茸茸，一个国家有三公，我该对谁一心一意地服从？"

等到发生了祸难，晋献公派寺人披去攻打蒲城。重耳说："君父的命令是不能抗拒的。"就通告众人说："抗拒君命的人，就是我的仇敌。"重耳翻墙逃走，寺人披斩断了他的一截袖筒子。重耳就逃奔狄国去了。

……

鲁僖公六年的春天，晋献公派贾华去攻打屈城。夷吾守不住了，就跟屈人订立盟约，然后离去。原打算逃到狄国，郤芮说："你在重耳之后出走而又跟他逃到一起，等于证实你是有罪的。不如到梁国去。梁国靠近秦国而且受到秦国的信任。"夷吾于是去了梁国。

八、 秦晋韩之战

本文选自鲁僖公十五年(前645),原原本本地记述了韩原战役的整个过程,包括战争的起因,战前双方对战争的估计,交战的经过,晋惠公被俘和秦国对他的处置,晋国的对策,秦、晋和谈以及惠公回国等等情况。全篇事绪纷繁,记事却有条有理;人物众多,写人却如闻如见。信笔而书,从容不迫,表现了作者描写战争战役的高度技巧。摹拟人物的口吻,不加修饰而十分生动逼真。吕甥答秦伯问更是一篇出色的外交辞令。他故意避免正面回答,却巧妙地构想出小人和君子两种似乎是相反的议论,用意却在显示晋国上下一致对付秦国的决心。并且针对穆公经营霸业的心理,既给以颂扬,又晓以利害,借君子之口,不卑不亢地说出一番“秦必归君”的道理,折服了穆公,使他很快就作出了释放晋侯的决定。

晋侯之入也[①]，秦穆姬属贾君焉[②]，且曰："尽纳群公子[③]。"晋侯烝于贾君[④]，又不纳群公子，是以穆姬怨之。晋侯许赂中大夫[⑤]，既而皆背之。赂秦伯以河外列城五[⑥]：东尽虢略，南及华山，内及解梁城[⑦]，既而不与。晋饥[⑧]，秦输之粟；秦饥[⑨]，晋闭之籴[⑩]，故秦伯伐晋。

卜徒父筮之[⑪]，吉："涉河，侯车败[⑫]。"诘之[⑬]。对曰："乃大吉也。三败，必获晋君。"……三败及韩[⑭]。

【注释】

① 晋侯：晋惠公夷吾。鲁僖公九年（前 651），晋献公死，骊姬之子奚齐和他的异母弟卓子被晋大夫里克杀死，国内无君。逃亡在外的夷吾便厚赂秦穆公，由秦国用武力送他回国为君。② 秦穆姬：秦穆公夫人，晋献公之女。属（zhú）：嘱托。贾君：申生之妃，夷吾的长嫂。③ 群公子：献公诸子。献公有子九人，当时夷吾为君，申生、奚齐、卓子已死，尚有重耳等五人逃亡在外。④ 烝（zhēng）：与长辈女子通奸。⑤ 许赂：答应给以好处。中大夫：指当时的执政大臣。⑥ 秦伯：秦穆公，名任好。河外：晋的国都在绛，在黄河以东以北，称河内；黄河以西以南，称河外。列城五：相连的五个城邑。⑦"东尽"三句：这是具体指明"列城五"的范围。尽，终至。虢略，虢国的旧界，约在今河南省灵宝。华山，在今陕西省华阴境内，为秦晋国界。解梁城，在今山西省永济。⑧ 饥：饥荒。晋饥发生在鲁僖公十三年。⑨ 秦饥：发生在鲁僖公十四年。⑩ 闭：禁止。籴（dí）：买进

粮食。⑪ 卜徒父：秦国卜官，名徒父。⑫“涉河”二句：这是占筮的卦辞。⑬ 诘(jié)：细问。⑭ 韩：韩原，晋地，在今山西省芮城县。此句前对解释卦辞的话作了删节。

晋侯谓庆郑曰①：“寇深矣，若之何？”对曰：“君实深之，可若何！”公曰：“不孙②！”卜右③，庆郑吉，弗使。步扬御戎④，家仆徒为右。乘小驷，郑入也。庆郑曰：“古者大事⑤，必乘其产。生其水土而知其人心；安其教训而服习其道；唯所纳之⑥，无不如志。今乘异产，以从戎事，及惧而变，将与人易。乱气狡愤⑦，阴血周作⑧，张脉偾兴⑨，外强中干，进退不可，周旋不能⑩。君必悔之。”弗听。

【注释】

① 庆郑：晋大夫。② 不孙(xùn)：不敬，放肆无礼。孙，同“逊”。③ 右：车右。古代车战，国君或主帅居中掌旗鼓，御者在左，车右在右。车右负责执戈御敌和充任使役。非国君或主帅的兵车则由御者居中，左边甲士一人持弓，右边甲士一人持矛。④ 步扬：晋大夫。戎：战车。⑤ 大事：古人把祭祀和战争看作大事，这里指战争。⑥ 纳：收容，放置。⑦ 乱气：呼吸紊乱。狡：暴戾。愤：盛，指紧张。⑧ 阴血：体内的血液。周作：循环急速。⑨ 张脉偾兴：血管涨大而快速搏动。脉，血管。偾，同“坟”，凸出。兴，起。⑩ 周旋：转动。以上六句是说马“及惧而变”的情况。

九月，晋侯逆秦师①，使韩简视师②。复曰："师少于我，斗士倍我。"公曰："何故？"对曰："出因其资，入用其宠，饥食其粟，三施而无报，是以来也。今又击之，我怠、秦奋，倍犹未也。"公曰："一夫不可狃③，况国乎？"遂使请战，曰："寡人不佞④，能合其众而不能离也。君若不还，无所逃命。"秦伯使公孙枝对曰⑤："君之未入，寡人惧之；入而未定列⑥，犹吾忧也。苟定列矣⑦，敢不承命⑧！"韩简退曰："吾幸而得囚⑨。"

【注释】

① 逆：迎，指迎击。② 韩简：晋大夫。③ 狃（niǔ）：轻慢。④ 不佞：不才。犹言无能，自谦之辞。⑤ 公孙枝：字子桑，秦大夫。⑥ 定列：定位，安定君位。⑦ 苟：假如。⑧ 承命：接受命令。以上几句话，都是讥刺惠公忘恩负义。⑨ 幸而得囚：意思是此战必败，能活着当俘虏就算好运气。

壬戌，战于韩原。晋戎马还泞而止①。公号庆郑②。庆郑曰："愎谏③、违卜④，固败是求⑤，又何逃焉？"遂去之。梁由靡御韩简⑥，虢射为右，辂秦伯⑦，将止之⑧。郑以救公误之⑨，遂失秦伯。秦获晋侯以归。

【注释】

① 戎马：驾车的战马，指小驷。还（xuán）：旋转。泞：

泥泞。② 号(háo):大声呼叫。③ 愎(bì):固执。愎谏,固执地对待劝谏。④ 违卜:指违背占筮不让庆郑当车右。⑤ 固:本来。固败是求,“固求败”的倒装。⑥ 梁由靡:与下句虢射都是晋大夫。⑦ 辂(yà):迎。指迎面遇上。⑧ 止:指俘获。⑨ 郑以救公误之:庆郑不愿意自己去救晋惠公,便叫韩简等人去救,因而耽误了俘虏秦伯的时机。

晋大夫反首拔舍从之[①]。秦伯使辞焉,曰:“二三子何其戚也[②]!寡人之从晋君而西也[③],亦晋之妖梦是践[④],岂敢以至[⑤]?”晋大夫三拜稽首曰:“君履后土而戴皇天[⑥],皇天后土实闻君之言,群臣敢在下风[⑦]。”

穆姬闻晋侯将至,以太子罃、弘与女简璧登台而履薪焉[⑧],使以免服衰绖逆[⑨],且告曰:“上天降灾,使我两君匪以玉帛相见[⑩],而以兴戎。若晋君朝以入,则婢子夕以死[⑪];夕以入,则朝以死。唯君裁之[⑫]。”乃舍诸灵台[⑬]。

【注释】

① 反首:使头发自面部披散下垂,表示哀伤。拔舍:拔起营帐。② 二三子:当时的习惯语,用来称呼少数大臣。相当于“你们几位”。戚:悲伤。③ 从晋君而西:陪晋君西行。秦俘惠公入秦,这么说是玩弄外交辞令。④ 妖梦:据《左传·僖公十年》载:晋大夫狐突曾在曲沃遇见太子申生的鬼魂,鬼魂斥责晋惠公无道,预言他将在韩地被打败。妖梦即指此事。践:应验,验证。是:结构助词,把宾语提

到动词前面。“妖梦是践”，即“践妖梦”。⑤ 以：太。至：甚，过分。⑥ 皇天、后土：古人对天地的敬称。⑦ 敢在下风：言晋臣不敢与秦伯平列，在下边听到了他的诺言。⑧ 以：带领。太子䓨(yīng)：秦穆公和穆姬所生子，后继位为秦康公。弘和简璧是他的弟、妹。履薪：站在柴火之上，要用自焚来威胁穆公。⑨ 免(wèn)：露出头顶的丧帽。衰绖(cuī dié)：丧服。⑩ 匪：非，不是。玉帛：圭璋之类的玉器和束帛。古代两国友好往来，互以玉帛作为赠礼。⑪ 婢子：穆姬自谦之称。⑫ 裁：考虑、裁决。⑬ 舍：安置。灵台：秦宫名。

大夫请以入[①]。公曰："获晋侯，以厚归也；既而丧归，焉用之？大夫其何有焉？且晋人戚忧以重我[②]，天地以要我[③]，不图晋忧，重其怒也[④]；我食吾言，背天地也。重怒难任[⑤]，背天不祥，必归晋君。"公子絷曰[⑥]："不如杀之，无聚慝焉[⑦]。"子桑曰："归之而质其大子，必得大成[⑧]。晋未可灭，而杀其君，只以成恶。且史佚有言曰[⑨]：'无始祸，无怙乱[⑩]，无重怒。'重怒难任，陵人不祥。"乃许晋平[⑪]。

【注释】

① 请以入：请求将晋惠公带入国都。② 重：当作"动"。指晋臣以"反首拔舍"的行为感动我。③ 天地以要我：以天地要我。要，约束，指晋臣以"皇天后土实闻君之言"来约束他。④ 重其怒：加重晋人之怒。⑤ 难任：难以承

当。⑥ 公子絷(zhí):秦公子,字子显。⑦ 慝(tè):罪恶。无聚慝,指不要让惠公归国与群众相聚为恶,敌视秦国。⑧ 大成:满意的和议。⑨ 史佚:周武王的史官,名佚。⑩ 怙(hù):依仗。怙乱,靠别人的祸乱而获益。⑪ 平:讲和。

晋侯使郤乞告瑕吕饴甥①,且召之。子金教之言曰:"朝国人而以君命赏②,且告之曰:'孤虽归③,辱社稷矣,其卜贰圉也④。'"众皆哭,晋于是乎作爰田⑤。吕甥曰:"君亡之不恤⑥,而群臣是忧,惠之至也,将若君何?"众曰:"何为而可?"对曰:"征缮以辅孺子⑦。诸侯闻之,丧君有君,群臣辑睦⑧,甲兵益多。好我者劝⑨,恶我者惧,庶有益乎⑩!"众说⑪,晋于是乎作州兵⑫。

……

【注释】

① 郤(xì)乞:晋大夫,当时随惠公在秦。瑕吕饴甥:晋大夫,字子金,亦称吕甥。② 国人:国都中自由民以上的上层人士。③ 孤:王侯的谦称。④ 贰:副贰,指位置的继承者。圉(yǔ):晋惠公之子,即位后称晋怀公。卜贰圉,指卜定日期立继承人圉为君。⑤ 爰田:改变田税制度,把应入公的田税赏给众人。爰,改易。(历来对爰田的异说甚多,此取杜预说。)⑥ 恤:忧。⑦ 征缮:征收军税,修治军备。孺子:幼童,指太子圉。⑧ 辑睦:和睦。⑨ 劝:勉励。⑩ 庶:庶几,或许。⑪ 说(yuè):同"悦"。⑫ 州兵:二千五百家为

州。州是离国都较远的行政区域,其居民不服兵役。作州兵,大约是建立各州的地方武装。

十月,晋阴饴甥会秦伯①,盟于王城②。秦伯曰:“晋国和乎?”对曰:“不和。小人耻失其君而悼丧其亲③,不惮征缮以立圉也,曰:‘必报仇,宁事戎狄④。’君子爱其君而知其罪⑤,不惮征缮以待秦命,曰:‘必报德,有死无二。’以此不和。”秦伯曰:“国谓君何?”对曰:“小人戚,谓之不免;君子恕⑥,以为必归。小人曰:‘我毒秦⑦,秦岂归君?’君子曰:‘我知罪矣,秦必归君。贰而执之⑧,服而舍之,德莫厚焉,刑莫威焉。服者怀德,贰者畏刑,此一役也⑨,秦可以霸。纳而不定⑩,废而不立,以德为怨,秦不其然。’”秦伯曰:“是吾心也!”改馆晋侯⑪,馈七牢焉⑫。

蛾析谓庆郑曰⑬:“盍行乎⑭?”对曰:“陷君于败⑮,败而不死,又使失刑⑯,非人臣也。臣而不臣,行将焉入?”十一月,晋侯归。丁丑,杀庆郑而后入。

【注释】

① 阴饴甥:瑕吕饴甥的食邑在阴,故又称阴饴甥。② 王城:秦邑,在今陕西省大荔县东。③ 小人:指下层百姓。丧其亲:指从军的亲人战死。④ 戎狄:中国西北部的两个部族。⑤ 君子:指上层贵族。⑥ 恕:推己及人,指用自己的想法去猜测秦君的想法。⑦ 毒:伤害。⑧ 贰:叛离。

⑨ 此一役：指韩战的始终，包括假想中的释放惠公。⑩ 纳：指僖公九年秦送夷吾回国为君。⑪ 馆：宾馆。此用作动词，指住宾馆。⑫ 馈：赠送。七牢：羊、牛、猪各一头为一牢。七牢是款待诸侯的礼节。⑬ 蛾析：晋大夫。⑭ 盍（hé）："何不"的合音字。行：指离开晋国。⑮ 陷君于败：指自己不顾惠公的呼救，并使韩简失去俘虏秦伯的机会。⑯ 失刑：指出走而使君王不能诛戮，不合为臣之道。

是岁，晋又饥，秦伯又饩之粟①，曰："吾怨其君而矜其民。且吾闻唐叔之封也②，箕子曰③：'其后必大。'晋其庸可冀乎④？姑树德焉，以待能者。"于是秦始征晋河东⑤，置官司焉⑥。

【注释】

① 饩（xì）：馈赠（食品）。② 唐叔：周成王之弟，晋的第一位国君叔虞，始封于唐，故称唐叔。③ 箕子：商纣王的叔父（一说庶兄），商亡后归于周，食邑在箕，故称箕子。④ 其庸：岂难道。"其"和"庸"是同义虚词连用。冀：企求。⑤ 河东：黄河以东，即上文所说晋国曾答应割让给秦国的解梁城等地。⑥ 司：管理。焉：于之，在那里。

【翻译】

晋惠公回到晋国为君的时候，秦穆姬嘱咐他照顾贾君，并且说："你要把那些逃亡在外的公子都接回来。"惠公回国以后和贾君通奸，又不让那几位公子回国，因此秦穆姬怨恨他。晋惠公答应过酬谢执政大臣，事情过后又全部违反了诺言。答应给秦穆公黄河以西以南相连的五个城邑：东边到虢国的边界尽头，南边到华山，河东河北到解梁城，而后来也都不给了。晋国发生了饥荒，秦国给晋国运送粮食；秦国发生了饥荒，晋国却禁止秦国来买粮，因此秦穆公就攻打晋国。

秦国的卜徒父用蓍草占筮战争的结果，得到吉兆。卦辞说："秦军渡过黄河，晋侯的战车必败。"秦穆公细问卦情，卜徒父回答说："这是大吉之兆。把晋军队接连打败三次，一定能够俘虏晋君。"……结果晋军打了三次败仗，退到了韩原。

晋惠公对庆郑说："敌军深入国境了，怎么对付他们呢？"庆郑回答说："您使敌人深入的，能怎么办！"晋惠公骂道："放肆！"后来，卜占谁能做惠公的车右，结果庆郑吉利，惠公却不用他。步扬替惠公驾兵车，家仆徒担任车右。惠公用一匹名叫小驷的马驾车，是从郑国进贡来的。庆郑说："古时候打仗，一定要驾本国所产的马。在本国的水土生长，懂得本国人的心思；顺从本国人的调教，并且熟悉本国的道路；随你把它放在什么地方，没有不称心如意的。现在您驾着外国出产的马，用它来参加战斗，一遇上危险就会改变常态，行动就会跟人的意愿相反。呼吸紊乱而暴躁紧张，血液循环急促，血管胀大而迅速搏动，外表强壮而体内已经虚竭，前进不得，后退不能，打转转也不会了。到时候，您一定要后悔的。"晋惠公不听庆郑的话。

九月，晋惠公将要迎击秦军，就派韩简去察看秦军的虚实。韩简回来报告说："秦军人数比我们少，但是斗志高昂的士兵却比我们多一倍。"惠公问："这是什么缘故？"韩简回答说:“您出逃靠他的资助,回国是靠他的厚爱,遇上饥荒吃他的粮食,秦国三次施恩而没有得到报答,因此才来攻打我们。现在我们又要迎击秦军,所以我们士气松懈而秦军士气振奋,这样看来,秦军斗志高昂的勇士比我们多一倍还不止啊!”晋惠公说:“一个普通的百姓尚且不能被人轻侮,何况一个国家呢?”于是派人向秦国要求交战,并且说:“寡人无能,只会召集军队却不会解散他们。您如果不退兵,我也没有地方逃避您进军的命令。”秦穆公派公孙枝回答说:“您还没有回到晋国的时候,我还替您担心;您回国但还没有安定君位的时候,我还是感到忧虑。如果您已经坐稳君位了,我怎么敢不接受您作战的命令呢?”韩简下去就说:“我要是运气好才能活着当俘虏了!”

九月十三日,晋国和秦国在韩原交战,替晋惠公驾车的小驷马在烂泥中只转圈子出不来。惠公向庆郑大声呼救,庆郑说:“不听劝谏,违背占卜,本来就是自找失败,为什么还要逃命呢?”于是离开了晋惠公。梁由靡替韩简驾车,虢射担任车右,迎面遇上了秦穆公,快要逮住他了。庆郑因为让韩简去救晋惠公而耽误了时机,让秦穆公跑掉了。秦军俘虏了晋惠公而回秦国。

晋国的一班大夫披散头发,拔起帐篷,跟着晋惠公。秦穆公派人劝止他们说:“你们几位何必这么伤心呢?我跟着晋君往西去,也只是让你们晋国的妖梦应验罢了,哪里敢做得太过分呢!”晋国一班大夫向秦穆公三拜叩头,说:“您脚踩着地,头顶着天,天地都听到了您这话,我们晋国群臣就在下边敬听您的吩咐了。”

秦穆姬听说晋惠公将要被押到国都,就领着太子罃、儿子弘和女儿简璧登上一个高台,脚下踩着柴草,派人带了丧帽丧服去迎接秦穆公，并且告诉他说："上天降灾，让我们秦、晋两国国君不能用玉帛作为赠礼和平相见，而用兴师动众的办法见面。如果晋君今天早晨被押进都城，我今天晚上就死；今天晚上押进都城，我明天早上就死，您来定夺吧！"于是秦穆公只好将晋惠公安置在灵台。

秦国的大夫要求把晋侯押进国都，穆公说："俘虏了晋侯，本来是带着丰硕的收获回来的；一回来却引出了丧事，那有什么用呢？各位大夫又能得到什么好处呢？况且晋国大夫们用悲伤来感动我，用天地神明来约束我，我如果不考虑晋国的哀痛，就是加深他们的愤怒。我取消自己的诺言，就是违背天地。加深晋人的愤怒，我担当不起；违背天地，不吉祥，一定要让晋君回去。"公子縶说："不如把晋君杀掉，不能再让他回去跟恶人聚在一起。"秦大夫公孙枝说："放了晋君而把他的太子作为抵押，一定会得到满意的和议。既然还不能灭掉晋国，却杀他们的国君，只会造成仇恨。况且史佚有过这样的话说：'不要制造灾祸，不要倚仗动乱，不要加深忿恨。'加深忿恨会使自己难以承受，欺侮别人会对自己不吉利。"于是秦穆公就答应跟晋国讲和。

晋惠公派郤乞回晋国把秦国同意讲和的事告诉瑕吕饴甥，并且召他到秦国来。瑕吕饴甥教给郤乞一番话说："你会见国都里的上层人士，用君王的名义赏赐他们，并且告诉他们说：'我即使能够回国，也已经羞辱国家了，还是占卜一个好日子立继承人太子圉当国君吧。'"听了郤乞这番话，大家都哭了。晋国在这样的情况下才开始改变田制，把公田的税收赏给群臣。吕甥说："君王流亡在外而不为自己忧虑，反而替我们各位臣子担心，这是莫大的恩惠了，我们打算怎样对待国君呢？"大家说："我们怎样做才对呢?”吕甥说:“征收赋税,整顿军备,用来辅佐太子圉。各国诸侯都知道,我们失去了原来的国君,还有新的国君,群臣团结一致,铠甲武器比原来更多。这样,喜欢晋国的人会受到鼓舞,讨厌晋国的人会感到害怕,也许会有点益处吧!”大家听了都很高兴,晋国在这样的情况下才开始建立各州的地方武装。

……

十月间,晋国吕甥会见秦穆公,在王城订立了盟约。秦穆公问:“晋国一致吗?”吕甥回答说:“不一致。下面的人为失去国君而感到耻辱,为亲属战死而感到哀伤,因此不害怕征收赋税、修整军备来拥立太子圉。他们说:‘宁可去事奉戎人狄人,秦国的仇非报不可。’上面的人爱护国君并且知道他的罪过,也不害怕征收赋税、修整军备来等待秦国的命令。他们说:‘宁死也不存二心,秦国的恩德非报不可。’因此意见不一致。”秦穆公说:“晋国人认为晋君会怎么样呢?”吕甥回答说:“下面的人感到哀伤,认为国君免不了一死;上层的人以自己的想法去推测秦国,认为一定会放他回来。下层的人说:‘我们伤害了秦国,秦国怎么肯让国君回来?’上层的人说:‘晋国已经服罪了,秦国一定会让国君回来。秦国因为晋君怀有二心就把他抓了去,现在服了罪就会把他放回来,恩德再没有比这更大的了,刑罚再没有比这更威严的了。服罪的人思念秦国的恩德,叛逆的人害怕秦国的刑罚,这一次,秦国可以成就霸业了。秦国当初送惠公回国为君而不能使君位安定,现在废除旧君而不为晋国立新君,使恩惠变成了仇恨,秦国大概不会是这样吧?’”秦穆公说:“这正是我的心思。”于是,穆公让晋侯换到宾馆居住,并且送给他七套牛、羊、猪等食品。

蛾析对庆郑说:“你为什么不逃亡呢?”庆郑答道:“我使国君陷入失败,失败了又不能为他战死,反而让国君不能使用刑罚,这就不是臣子应有的行为了。作为臣子而不像个臣子,出逃又能逃到哪里呢?”十一月,惠公回到晋国。二十九日,惠公杀了庆郑然后才进入都城。

这一年,晋国又闹饥荒,秦穆公又给晋国送来粮食,并且说:“我怨恨他们的国君而可怜他们的百姓。而且,我听说唐叔接受封国的时候,箕子说过:‘唐叔的子孙必定强大。’晋国难道是可以打主意的吗?我们暂且还是对晋国树立一些恩德,来等待能干的人才出现。”从这时候起,秦国开始对晋国的河东地区征收赋税,并且设置官员管理这些地方。

九、晋公子重耳之亡

本文选自鲁僖公二十三年(前637)、二十四年。晋文公重耳是春秋时期的一代霸主。他当公子时,因为骊姬之乱而被迫出逃,辗转八国,历时十九年,其间事件纷繁,头绪错杂。本篇记述他出奔、流亡到回国为君的经过,只选择了别隗、受土、醉遣、观裸、过郑、对楚、居秦、沉璧等富有戏剧性的小故事加以串连和描述。即位之初,也只写了寺人披和头须请见、赵姬请迎叔隗和介之推不言禄四件事,却多方面地刻画了重耳的性格,使人看到一个胸无大志、贪图逸乐的贵族公子如何从忧患中逐步磨炼而成为一个坚强机智、有胆有识的成熟的政治家。作为配角的十多个人物,作者也只选取他们顷刻间的行动或简短的对话,寥寥几笔,人物的神态和性格却跃然纸上。

全篇依时间顺序进行记述,众多的人物和事件都围绕着重耳这一主要人物着笔,详略得当,井然有序,在材料的剪裁和结构布局上也很有特色。

晋公子重耳之及于难也①，晋人伐诸蒲城②。蒲城人欲战，重耳不可，曰：“保君父之命而享其生禄③，于是乎得人。有人而校④，罪莫大焉。吾其奔也。”遂奔狄。从者狐偃、赵衰、颠颉、魏武子、司空季子⑤。

【注释】

① 难(nàn)：危难。指鲁僖公四年十二月重耳遭骊姬之乱。② 诸：“之于”的合音字。之，指代重耳。伐诸蒲城是追叙鲁僖公五年的事。参见《晋骊姬之乱》。③ 保：仗恃，依靠。④ 校(jiào)：较量，抵抗。⑤ 狐偃：重耳的舅父，又称子犯、舅犯。赵衰(cuī)：重耳的主要谋士，字子余。颠颉(jié)：晋大夫。魏武子：魏犨(chóu)。司空季子：名胥臣。从者不只这五人，这里只举出著名的。

狄人伐廧咎如①，获其二女叔隗、季隗，纳诸公子。公子取季隗，生伯鯈、叔刘②。以叔隗妻赵衰③，生盾。将适齐④，谓季隗曰：“待我二十五年，不来而后嫁。”对曰：“我二十五年矣，又如是而嫁，则就木焉⑤。请待子。”处狄十二年而行⑥。

【注释】

① 廧咎(qiáng gāo)如：部族名，赤狄的别种，隗姓。

② 儵：音 yóu。③ 妻：嫁给。④ 适：去，往。⑤ 木：借指棺材。⑥“处狄”句：重耳于鲁僖公五年至狄，十六年离去，前后共十二年。

过卫，卫文公不礼焉。出于五鹿①，乞食于野人②，野人与之块。公子怒，欲鞭之。子犯曰：“天赐也③！”稽首受而载之。

及齐，齐桓公妻之，有马二十乘④。公子安之。从者以为不可，将行，谋于桑下。蚕妾在其上⑤，以告姜氏⑥。姜氏杀之，而谓公子曰：“子有四方之志，其闻之者，吾杀之矣。”公子曰：“无之。”姜曰：“行也！怀与安，实败名。”公子不可。姜与子犯谋，醉而遣之⑦。醒，以戈逐子犯。

【注释】

① 五鹿：卫地，在今河南省濮阳市南。② 野人：乡下人，农夫。③ 天赐：土块象征土地，狐偃认为得土就是上天赐给国家权力的预兆。④ 乘（shèng）：古代用四匹马驾一乘车，所以马四匹称乘。二十乘即八十匹马。⑤ 蚕妾：养蚕的女奴。⑥ 姜氏：齐桓公嫁给重耳的齐女。齐是姜姓国，故称姜氏。⑦ 遣：送走。

及曹①，曹共公闻其骈胁②，欲观其裸。浴，薄而观之③，僖负羁之妻曰④：“吾观晋公子之从者，皆足以相国。若以相，夫子必反其国⑤。反其国，必得志于诸侯。得志于诸侯而诛无礼⑥，曹其首也。子盍蚤自贰焉⑦？”乃馈盘飧⑧，置璧焉⑨。公子受飧反璧。

及宋⑩，宋襄公赠之以马二十乘。

【注释】

① 曹：姬姓国，都陶丘，在今山东省定陶县西南。② 骈（pián）：并排。胁：胸部的两侧。骈胁，胸部两侧的肋骨紧密排列几乎连成一片。③ 薄：逼近。④ 僖负羁：曹大夫名。⑤ 夫（fú）：指示代词，那。子：古代男子的尊称。夫子，那个人，指重耳。⑥ 诛：讨伐。⑦ 蚤：通“早”。贰：不一致。自贰，自己去表示在对待重耳的态度和礼节上与曹君不同。⑧ 飧（sūn）：晚餐。⑨ 置璧：春秋时代，大夫不能私下里和外国君臣交往，所以把玉璧藏在装饭食的盘子里，不让人知道。⑩ 宋：子姓国，都商丘，在今河南省商丘市。

及郑，郑文公亦不礼焉。叔詹谏曰①：“臣闻天之所启②，人弗及也。晋公子有三焉，天其或者将建诸③，君其礼焉！男女同姓，其生不蕃。晋公子，姬出也④，而至于今，一也。离外之患⑤，而天不靖晋国⑥，殆将启之⑦，二也。有三士足以上人⑧，而从之，三也。晋、郑同侪⑨，其过子弟固将礼焉，况天之所启乎？”弗听。

【注释】

① 叔詹：郑大夫。② 启：开。天之所启，犹言上天为他开路的人。③ “天其”句：“其”和“或者”都是表示不肯定语气的副词。④ 姬出：姬姓父母所生。重耳的父亲晋献公和母亲大戎狐姬都姓姬。⑤ 离：通“罹（lí）”，遭受。⑥ 靖：安定。⑦ 殆：副词，也许。⑧ 三士：据《国语·晋语四》，三士是指狐偃、赵衰和贾佗。⑨ 侪（chái）：等，类。

及楚，楚子飨之[①]，曰：“公子若反晋国，则何以报不穀？”对曰：“子女玉帛，则君有之；羽毛齿革，则君地生焉。其波及晋国者[②]，君之余也。其何以报君？”曰：“虽然，何以报我？”对曰：“若以君之灵，得反晋国，晋楚治兵[③]，遇于中原，其辟君三舍[④]。若不获命[⑤]，其左执鞭弭[⑥]，右属櫜鞬[⑦]，以与君周旋[⑧]。”子玉请杀之[⑨]。楚子曰：“晋公子广而俭，文而有礼。其从者肃而宽，忠而能力。晋侯无亲[⑩]，外内恶之[⑪]。吾闻姬姓唐叔之后，其后衰者也[⑫]，其将由晋公子乎！天将兴之，谁能废之？违天，必有大咎。”乃送诸秦。

【注释】

① 楚子：楚成王。飨（xiǎng）：用酒食款待人。② 波：通“播”，播散。③ 治兵：演练军队，重耳用作外交词令，以讳言战争。④ 辟：避的古字。舍：古代行军一宿为一舍，一舍为三十里。⑤ 命：指楚王退兵之命。⑥ 弭（mǐ）：弓梢，弓的末端。⑦ 属（zhǔ）：佩，系。櫜（gāo）：箭袋。鞬（jiān）：弓

套。⑧ 周旋：古代进退揖让的一种应酬礼节，重耳用作外交词令，以讳言战争。⑨ 子玉：成得臣的字，楚令尹，相当于宰相。⑩ 晋侯：指晋惠公夷吾。⑪ 外：指各国诸侯。内：指国内臣民。⑫“吾闻”二句：唐叔是晋国的第一位国君。当时流行一种预言：唐叔的后代是在姬姓诸国中最后衰微的。

秦伯纳女五人①，怀嬴与焉②。奉匜沃盥③，既而挥之。怒，曰：“秦晋，匹也，何以卑我？”公子惧，降服而囚④。

他日，公享之⑤。子犯曰：“吾不如衰之文也⑥，请使衰从。”公子赋《河水》，公赋《六月》⑦。赵衰曰：“重耳拜赐！”公子降，拜，稽首。公降一级而辞焉。衰曰：“君称所以佐天子者命重耳，重耳敢不拜？”（以上僖公二十三年）

【注释】

① 秦伯：秦穆公。② 怀嬴：秦穆公之女。晋怀公圉即位前在秦为人质，曾娶此女为妻。圉于鲁僖公二十二年逃回晋国而此女留秦。秦是嬴姓国，故称怀嬴。③ 奉：同“捧”。匜（yí）：盛水器。沃：淋水。盥：洗手。④ 降服：除去上衣。囚：拘禁。表示请罪。⑤ 享：用酒食招待。⑥ 文：言辞的文采，指擅长辞令。⑦“公子”二句：春秋的外交宴会中，指定诗篇让乐工演奏，用来表达自己的意思，称为赋诗。《河水》篇已失传。《国语·晋语四》韦昭注认为就是

《诗·小雅·沔水》,篇首有“沔彼流水,朝宗于海”句,重耳借用来表示归向秦国。《六月》是《诗·小雅》中的一篇,记述尹吉甫辅佐周宣王征伐获胜的事。穆公借这首诗表示,重耳若为君必能辅佐天子。所以下文赵衰说:“君称所以佐天子者命重耳。”

二十四年春王正月,秦伯纳之①。……及河,子犯以璧授公子,曰:“臣负羁绁从君巡于天下②,臣之罪甚多矣,臣犹知之,而况君乎?请由此亡③。”公子曰:“所不与舅氏同心者,有如白水④!”投其璧于河⑤。

【注释】

① 纳:送入,指秦穆公以武力送重耳入晋。② 羁(jī):马笼头。绁(xiè):绳子,指马缰。负羁绁,等于说担任仆役。③ 亡:离去。④ “所不”二句:“所……有如……”是当时发誓的常用格式。所,假设连词,如果。有如,犹言听从,任凭。对某物发誓,就说有如某物,表示如果违背誓言,则任凭某物惩罚。⑤ 投其璧于河:表示以璧取信于河神。

济河,围令狐①,入桑泉②,取臼衰③。二月甲午,晋师军于庐柳④。秦伯使公子絷如晋师⑤,师退,军于郇⑥。辛丑,狐偃及秦、晋之大夫盟于郇。壬寅,公子入于晋师。丙午,入于曲沃。丁未,朝于武宫⑦。

戊申，使杀怀公于高梁[⑧]。

【注释】

① 令狐：晋地，在今山西省临猗县西。② 桑泉：晋地，在今山西省临猗县临晋镇东北。③ 臼衰（cuī）：晋地，当在今山西省运城境内。④ 晋师：晋怀公的军队。庐柳：晋地，在今山西省临猗县北。⑤ 公子縶（zhí）：秦公子。秦穆公派他到晋军中说明利害关系，使晋军背叛晋怀公而支持重耳。⑥ 郇（xún）：晋地，在今山西省临猗县西南。⑦ 武宫：重耳祖父晋武公的庙，在曲沃。⑧ 高梁：晋地，在今山西省临汾东北。

吕、郤畏偪[①]，将焚公宫而弑晋侯[②]。寺人披请见[③]。公使让之，且辞焉，曰：“蒲城之役[④]，君命一宿，女即至。其后余从狄君以田渭滨，女为惠公来求杀余，命女三宿，女中宿至。虽有君命，何其速也？夫祛犹在[⑤]，女其行乎！”对曰：“臣谓君之入也，其知之矣[⑥]。若犹未也，又将及难。君命无二，古之制也。除君之恶，唯力是视[⑦]。蒲人狄人，余何有焉？今君即位，其无蒲、狄乎！齐桓公置射钩，而使管仲相[⑧]。君若易之，何辱命焉[⑨]？行者甚众，岂唯刑臣？”公见之，以难告[⑩]。三月，晋侯潜会秦伯于王城。己丑晦，公宫火。瑕甥、郤芮不获公，乃如河上，秦伯诱而杀之。晋侯逆夫人嬴氏以归。秦伯送卫于晋三千人，实纪纲之仆[⑪]。

【注释】

① 吕、郤：晋怀公的旧臣吕甥、郤芮。② 晋侯：这时重耳已即位为晋文公，此处和下文的晋侯都指晋文公。③ 寺人披：阉人，名披。曾先后受献公和惠公的派遣去杀害重耳。④ 蒲城之役：鲁僖公五年，晋献公派兵到蒲城攻打重耳，重耳翻墙逃走，寺人披斩断了他的一截袖口，所以下文说“夫祛犹在”。⑤ 祛（qū）：袖口。⑥ 其：语气词，表揣测。知之：指知道为君的道理。⑦ 唯力是视：“唯视力”的倒装句，意思是尽力而为。⑧ “齐桓公”二句：鲁庄公九年，公子小白（即位后为齐桓公）和公子纠回齐国争夺君位。公子纠命管仲射桓公，射中带钩。桓公即位后不记前仇，用管仲为相。⑨ “易之”二句：如果改变桓公之道，计较旧仇，不劳下令，我会自己走开。易，改变。⑩ 难：指吕、郤烧宫室杀晋侯的祸难。⑪ 纪纲之仆：仆役中的骨干、头目。

初，晋侯之竖头须[①]，守藏者也[②]。其出也，窃藏以逃，尽用以求纳之。及入，求见。公辞焉以沐[③]。谓仆人曰：“沐则心覆，心覆则图反[④]，宜吾不得见也。居者为社稷之守，行者为羁绁之仆，其亦可也，何必罪居者？国君而仇匹夫，惧者其众矣。”仆人以告，公遽见之[⑤]。

【注释】

① 竖（shù）：未成年的仆役。② 藏：库藏。③ 辞焉以沐：以沐辞焉。沐，洗头。④ “沐则心覆”二句：古人认为心

是思维器官，洗头时低头，心就朝下，思考问题就与正常直立的时候相反。图，想法，意图。⑤ 遽（jù）：急忙。

狄人归季隗于晋，而请其二子。文公妻赵衰[①]，生原同、屏括、楼婴。赵姬请逆盾与其母[②]，子余辞[③]。姬曰："得宠而忘旧，何以使人？必逆之！"固请，许之。来，以盾为才，固请于公，以为嫡子[④]，而使其三子下之；以叔隗为内子[⑤]，而己下之。

【注释】

① 妻（qì）：把女儿嫁给人。② 赵姬：晋文公的女儿，赵衰的妻子。盾：赵盾。其母：叔隗。③ 子余：赵衰的字。④ 嫡（dí）子：正妻所生的长子。⑤ 内子：正妻。

晋侯赏从亡者，介之推不言禄[①]，禄亦弗及。推曰："献公之子九人，唯君在矣。惠、怀无亲，外内弃之。天未绝晋，必将有主。主晋祀者[②]，非君而谁？天实置之，而二三子以为己力[③]，不亦诬乎[④]？窃人之财，犹谓之盗，况贪天之功以为己力乎？下义其罪[⑤]，上赏其奸，上下相蒙[⑥]，难以处矣。"其母曰："盍亦求之？以死，谁怼[⑦]？"对曰："尤而效之[⑧]，罪又甚焉。且出怨言，不食其食。"其母曰："亦使知之，若何？"对曰："言，身之文也。身将隐，焉用文之？是求显也[⑨]。"其母曰："能如是乎？与女偕隐。"遂隐而死。晋侯求之，不获，以绵上为之田⑩，曰：“以志吾过⑪，且旌善人⑫。”

【注释】

① 介之推：曾随重耳流亡的臣子。姓介，名推，“之”是语助词，故下文单称推。② 主晋祀者：指当晋君的人。③ 力：功劳。④ 诬：不真实，荒谬。⑤ 义其罪：以其罪为义。⑥ 蒙：欺诈，蒙骗。⑦ 怼（duì）：怨恨。⑧ 尤：谴责。⑨ 是：代词，指上文的“文之”。⑩ 绵上：晋地，在今山西省介休东南的介山。⑪ 志：记住。⑫ 旌（jīng）：表彰。

【翻译】

当初，晋公子重耳遭到危难的时候，晋国军队到蒲城讨伐他。蒲城人打算迎战，重耳不肯，说：“我靠了君父的任命才能享受养生的俸禄，才得到所属百姓的拥护。有了百姓的拥护就跟君父较量起来，罪过没有比这更大的了。我还是逃出去吧！”重耳就逃到了狄国，跟他一起出逃的有狐偃、赵衰、颠颉、魏武子和司空季子。

狄国人去攻打一个叫廧咎如的部落，俘虏了君长的两个女儿叔隗和季隗，都送给了重耳。重耳娶了季隗，生下了伯儵和叔刘。把叔隗给了赵衰做妻子，生下了赵盾。重耳准备到齐国去，对季隗说：“等我二十五年，我不回来，你再去嫁人。”季隗回答说：“我二十五岁了，又等上同样的年数再去改嫁，都该进棺材了。让我等着您吧！”重耳在狄国住了十二年才离开。

重耳经过卫国，卫文公不按礼节接待他。重耳从五鹿出去,向乡下人讨点东西吃,乡下人给了他一块泥土。重耳气极了,想用鞭子抽他。狐偃说:“这正是上天的恩赐呀。”重耳这才叩头谢过,把泥土接过来放到车上。

重耳到了齐国,齐桓公给他娶了个妻子,有了八十匹马。重耳对这里的生活感到很安逸,不想走了。随行的人认为这样呆下去不行,打算离开齐国,正在一棵桑树下商量。一个养蚕的女奴在桑树上,把她听到的话都告诉了重耳的妻子姜氏。姜氏把她杀了,对重耳说:“你有到四方远行的想法吧!偷听到这事的人,我已经把她杀了。”重耳说:“没有这回事。”姜氏说:“你走吧,贪恋享乐和安于现状,足以败坏您的功名。”重耳还是不肯。姜氏就和狐偃商量,用酒灌醉了重耳然后送他上了路。重耳酒醒过来,拿起戈就去追击狐偃。

到了曹国,曹共公听说重耳的肋骨长得连成一片,想看看他的光身子。重耳洗澡的时候,曹共公就走近去看他的肋骨。僖负羁的妻子对她丈夫说:“我看晋公子的随行人员,都是足可以当国相的。要是让他们辅佐公子,那就一定能回到晋国为君。回到晋国为君,就一定能在列国中称霸。在列国中称霸而讨伐对他无礼的国家,曹国恐怕就是头一个。你为什么不趁早向他表示自己待他与曹君不同呢?”僖负羁就给重耳送去了一盘晚饭,把一块玉璧藏在里边。重耳收下了饭食,却退还了玉璧。

到了宋国,宋襄公送了重耳八十匹马。

到了郑国,郑文公也不按礼节接待他。叔詹规劝说:“我听说上天为他开路的人,普通人是比不上的。晋公子有三件不寻常的事,也许上天准备立他为国君,您还是依礼好好款待他吧!同姓的男女结婚,生下的子孙不能蕃盛。晋公子是姬姓的父母生的，而他一直活到今天，这是第一件。遭到逃亡于国外的灾难，而上天不让晋国安定下来，恐怕是要为他开出一条路吧，这是第二件。有三位才智过人的贤士肯跟随他，这是第三件。晋国跟郑国是地位相等的国家，晋国子弟路过郑国的，本来就应该依礼招待，何况是上天为他开路的人呢？”郑文公不听他的劝告。

到了楚国，楚成王设宴招待重耳，并且问他：“公子如果回到晋国，拿什么来酬谢我呢？”重耳回答说：“男女奴隶和宝玉丝绸，您都有了；鸟羽兽毛和象牙皮革，都是贵国的出产。流散到晋国的，也只是您剩下的。我能拿什么来报答您呢？”楚成王说：“尽管这么说，总得拿点什么来酬谢我吧？”重耳回答说：“如果托您的福，我能回到晋国，一旦晋、楚两国演习军队，我们在中原大地碰上了，我将退让您九十里地。如果得不到您退兵的命令，我将左手拿着马鞭和弓梢，右边挂着箭袋和弓套，同您应酬应酬。”子玉请求楚成王杀了重耳。楚成王说：“晋公子志向远大而且生活俭朴，言辞华美而且合乎礼仪。他的随从态度恭敬而且待人宽厚，赤胆忠心而且尽心竭力。现在晋惠公没有亲近的人，国外国内都讨厌他。我听说姬姓诸国中，唐叔的后代是最后衰亡的一支，恐怕就是靠了晋公子吧！上天要让他兴盛，谁能够除掉他呢？违背天意，必定遭到大祸。”楚成王就把重耳送往秦国。

秦穆公把五位女子送给重耳，怀嬴也在这里边。怀嬴端着水盆子淋水让重耳洗手。重耳洗完，对怀嬴挥挥手让她走开。怀嬴很生气，说：“秦国和晋国，是同等的，你凭什么瞧不起我？”重耳害怕了，脱去上衣并且把自己囚禁起来，表示认错。

有一天，秦穆公宴请重耳。狐偃说："我不像赵衰那样擅长辞令，让赵衰陪你去吧。"宴会上，重耳赋《河水》这首诗，秦穆公赋《六月》这首诗。赵衰说："重耳拜谢君王恩赐的美言。"重耳走到阶下，拜谢，叩头。秦穆公也下一级台阶表示不敢接受叩谢的重礼。赵衰说："君王拿辅佐天子的诗篇来吩咐重耳，重耳怎么敢不拜谢？"

……

二十四年春，周历正月，秦穆公派了军队送重耳回到晋国。……到了黄河边上，狐偃把一块玉璧交给重耳，说："我背着马笼头和缰绳跟着您走遍天下，我的罪过太多了，我自己尚且知道，何况您呢？请允许我就此告辞！"重耳说："我如果不跟舅舅一条心，任凭河神惩罚。"说完，就把那块玉璧丢到了河里。

重耳渡过黄河，包围了令狐，开进了桑泉，攻占了臼衰。二月四日，晋怀公的军队到庐柳扎营。秦穆公派公子絷到晋军中游说，晋军就往后撤退，在郇地驻扎。十一日，狐偃和秦国、晋国的大夫三方在郇地结盟。十二日，重耳入统晋军。十六日，进入曲沃。十七日，重耳往晋武公庙朝拜。十八日，重耳派人到高梁杀死了晋怀公。

吕甥和郤芮害怕受到迫害，打算焚烧晋文公的宫室并且杀死文公。这时，寺人披来请求见文公。文公派人斥责他，并且拒绝他的要求，对他说："蒲城的那件事，国君限令你过一个晚上赶到，你立刻就赶来了。这以后，我随狄国国君在渭水边上打猎，你替惠公赶来妄图杀害我。惠公命令你过三个晚上赶到，你只过了两晚就赶到了。虽然有国君的命令，你为什么那么快呢？那截断袖子我还保存着呢，你还是走开吧！"寺人披回答说："我原以为你回国之后，已经懂得为君的道理了。如果还不懂，又将会遭殃的。国君下的命令，下臣不能有二心，这是古来的法规。我除掉国君所憎恶的人，唯有看自己的能力所及，尽力去做。您到了蒲城就是蒲人，到了狄就是狄人，蒲人和狄人，跟我有什么关系呢？现在您当了国君，难道就没有蒲和狄那样反对国君的人了吗！齐桓公把管仲射中他带钩的事撇到一边，而让管仲做了国相。您如果改变桓公这种做法，我自己会走开，哪里用得着劳您下令呢？畏罪出逃的人多着呢，岂止我这样一个受过宫刑的小臣？"文公就接见了他，他就把即将发生的祸乱告知了文公。这年三月，晋文公在王城秘密会见了秦穆公。三月三十日，文公的宫室起火。吕甥和郤芮抓不着文公，就走到黄河边上，秦穆公把他们骗去杀了。文公把夫人嬴氏接回晋国。秦穆公送给晋国三千名卫士，充实了晋国仆役中的领头人。

当初，重耳手下的一个未成年奴仆叫头须的，是看守库藏的人。重耳出国流亡的时候，头须偷了财物逃跑了，他花光了这些钱财想办法让重耳能回到国内。重耳回国后，头须请求接见。文公借口正在洗头拒绝见他。头须对仆人说："洗头的时候要低头，心就朝下，心朝下就跟直立时的想法相反，怪不得我不能见他了。留在国内的人，是替国君看守国家的；随从出走的人，是替国君奔走服役的，不也都是对的吗？何必归罪于留守的人呢？作为国君却把普通人看成仇敌，感到害怕的人就太多了。"仆人把这番话告诉重耳，重耳连忙接见了他。

狄人送季隗回晋国，并请示重耳如何安排他的两个子女。重耳把女儿嫁给了赵衰，生下原同、屏括和楼婴。赵姬请求接回赵盾和他的母亲叔隗。赵衰不同意。赵姬说：

“你有了新的爱妻而忘了原来的妻子，还怎样指挥别人呢？你一定要接回他们！”赵姬坚决要求，赵衰才答应了。叔隗和赵盾回到晋国来了，赵姬认为赵盾很有才干，极力请求重耳把赵盾立为赵衰的嫡子，而让她自己的三个亲生儿子处在赵盾的下位；让叔隗当赵衰的正夫人，自己处在叔隗的下位。

晋侯赏赐随他一起逃亡的人，介之推没有提到俸禄，俸禄也没有他的份。介之推说：“献公的儿子一共有九位，现在只有国君一个人在世了。从前惠公和怀公没有亲近他的人，国外国内都厌弃他。但是上天不肯灭绝晋国，一定会安排一位国君的。主持晋国祭祀的人，不是文公还能是谁呢？上天特地立他为君，而那几位却认为是他们自己的功劳，这不太荒谬了吗？偷了别人的钱财，尚且叫做贼，何况贪没上天的功劳来当成自己的功劳呢？下面的人把贪没之罪当成正义行为，上面的人却奖赏他们所做的坏事，上上下下互相蒙骗，这就很难跟他们相处了。”介之推的母亲说：“你为什么不去请求封赏，就这样死了，怨谁呢？”介之推回答说：“指责这种行为却还要去效法，罪过又比他们更大了。而且我们说了埋怨的话，就不能再去贪图那份俸禄。”他母亲说：“也让国君知道一下，怎么样？”介之推回答说：“言辞本来是自身的装饰。我准备隐居了，又何必用言辞来装饰自己呢？那样做就是乞求显贵了。”他母亲说：“你能够这样做吗？那么，我和你一起隐居去。”于是母子俩就一直隐居到死。晋侯到处找他们，没有找着，就把绵上这地方作为介之推的祭田，说：“用这件事来记着我的过错，并且表彰好人。”

十、鲁展喜犒齐师

本文选自鲁僖公二十六年(前 634)。齐军入侵鲁国,鲁君却派展喜前去慰劳。文章一开头就像奇峰陡起,引人入胜。展喜的辞令谦和有礼,面对齐孝公咄咄逼人的问话,巧妙地分出君子和小人作答,并针对齐孝公不能不依仗周王名号经营霸业的心理,抬出“先王之命”给他当头一棒;接着又用两国先君之盟来约束他,用齐桓之功来勉励他,用诸侯之望来鞭策他;最后说他嗣位九年,决不会弃命废职,做出对不起祖宗的事。义正辞严,层层紧逼,使齐孝公无辞可对,只得兴冲冲而来,灰溜溜而去。

本文的构思跟吕甥答秦伯问有异曲同工之妙。全篇结构紧凑,从头至尾,无一闲文懈笔。

夏,齐孝公伐我北鄙。……

公使展喜犒师①,使受命于展禽②。齐侯未入

竟[3]，展喜从之，曰：“寡君闻君亲举玉趾[4]，将辱于敝邑，使下臣犒执事[5]。”齐侯曰：“鲁人恐乎？”对曰：“小人恐矣，君子则否[6]。”齐侯曰：“室如县罄[7]，野无青草[8]，何恃而不恐？”对曰：“恃先王之命。昔周公、大公股肱周室[9]，夹辅成王。成王劳之，而赐之盟，曰：‘世世子孙无相害也！’载在盟府[10]，大师职之[11]。桓公是以纠合诸侯，而谋其不协，弥缝其阙[12]，而匡救其灾[13]，昭旧职也[14]。及君即位，诸侯之望曰：‘其率桓之功[15]！’我敝邑用是不敢保聚[16]，曰：‘岂其嗣世九年，而弃命废职？其若先君何？君必不然。’恃此而不恐。”齐侯乃还。

【注释】

① 公：鲁僖公。展喜：鲁大夫。② 展禽：鲁大夫，名获，食邑在柳下，私谥为惠，故又称柳下惠，是当时有名的贤人。③ 齐侯：齐孝公。竟：同“境”。④ 玉趾：犹言“贵足”、“贵步”。加“玉”字是当时的礼节套话，表示恭敬。⑤ 执事：本指办事人员，古代用作对方的敬称，意思是不敢直接与对方说话，请他手下的执事转达。⑥ 小人、君子：有时以地位贵贱分，有时以见识高下分，这里是后一种情况。⑦ 县：同“悬”。磬(qìng)：一种石制的打击乐器，中间屈曲像人字形，悬挂时中间高而两边下斜。百姓家无积储，只有一间屋脊高隆两檐下斜的空房子，所以用悬磬来形容。⑧ 野无青草：据《国语·鲁语上》韦昭注：“野无青草，旱甚也。”⑨ 周公：即周姬旦，周武王之弟。大(tài)公：齐国的第一位国君吕尚。股肱(gōng)：大腿和手臂，这里

用作动词，辅佐的意思。⑩ 载：盟约又称载书，省称为载。⑪ 大师：当作“太史”，主管盟誓之官。职：掌管。⑫ 弥缝：填满缝隙，引申为补救。⑬ 匡：救助。⑭ 昭：昭明，发扬光大。⑮ 率：遵循，继承。⑯ 保聚：保筑城郭，聚集百姓，都是战前的准备工作。

【翻译】

夏天，齐孝公率兵攻打我国西部边境。……

僖公派展喜去犒劳齐国军队，让他先向展禽讨教犒劳齐军时的辞令。当时，齐孝公还没有进入我国国境，展喜就出境去跟随着齐孝公，对他说：“我们国君听说您亲移贵步，即将屈尊光临敝国，所以派我来犒劳您的侍从们。”齐孝公说：“鲁国人害怕吗？”展喜回答说：“没有见识的人害怕，有见识的人就不害怕。”齐孝公说：“百姓的家空空荡荡像挂起来的磬，田野光光秃秃连青草也没有，你们倚仗什么不害怕？”展喜回答说：“倚仗先王的命令。从前周公旦和齐大公辅佐周王室，在左右协助成王。成王慰劳他们，并且赐给他们盟约，盟约说：‘世世代代的子孙们都不要互相残害！’这盟约保存在盟府里，太史掌管着它。所以齐桓公集合诸侯，谋求解决他们的分歧，弥补他们的过失，救助他们的灾祸，这都是为了发扬光大齐大公的职责。到了您当了国君，诸侯们都仰望着说：‘但愿他继承桓公的功业！’我们国家因此不敢修筑城郭，聚集百姓，大家都说：‘难道他嗣位才九年，就丢开使命放弃职责吗？他对先君怎么交待呢？您一定不会这样做的。’有见识的人倚仗这一点，所以不害怕。”齐孝公于是率兵回国。

十一、晋楚城濮之战

本文选自鲁僖公二十七年(前633)、二十八年。城濮之战是晋、楚两大国争夺霸权的一场关键性大战。宋、齐、秦和曹、卫、郑、鲁、陈、蔡等许多诸侯国都不同程度地卷了进来。作者通过对双方内政、外交和军事上一系列斗争的记述和许多细节的点染,展现了一幅晋、楚争霸的有声有色的壮阔图景。

文章大体上依照时间顺序,对交战中两大营垒的种种活动交错地进行叙述,而以晋、楚两大国在争霸战争中的矛盾关系作为主干,其他有关国家和有关的大小事件都有条不紊地穿插进来。通过许多不同的侧面,将战争的起因、经过、结果,双方斗争的一些主要事件,以及主要人物的性格和心态,都表现得非常生动和清晰。一场规模宏大、场面壮阔、矛盾复杂、头绪纷繁的大决战,在作者笔下表现得首尾完整,层次井然。行文也忽开忽合,奇峰迭出,前呼后应,气势磅礴。读者掩卷而思,不难看出:晋国修政教民、君臣团结、争取盟国、讲究战略战术，是取得胜利的原因；楚国优柔寡断、君臣不和、盟邦叛离、主帅轻敌，因而导致失败。可以说，这是《左传》描写战争最见功力的名篇之一。

楚子将围宋①，使子文治兵于睽②，终朝而毕③，不戮一人④。子玉复治兵于蒍⑤，终日而毕，鞭七人，贯三人耳。国老皆贺子文⑥。子文饮之酒⑦。蒍贾尚幼⑧，后至，不贺。子文问之，对曰："不知所贺。子之传政于子玉，曰：'以靖国也⑨。'靖诸内而败诸外，所获几何？子玉之败，子之举也；举以败国，将何贺焉？子玉刚而无礼，不可以治民。过三百乘，其不能以入矣⑩。苟入而贺，何后之有⑪？"

【注释】

① 楚子：楚成王。② 子文：斗谷於菟（wū tù）的字，楚国的前任令尹。睽（kuí）：楚地，今地不详。③ 终朝（zhāo）：从早晨至中午。④ 戮：责罚。⑤ 子玉：成得臣的字，子文举荐的现任令尹。蒍（wěi）：楚地，今地不详。⑥ 国老：退职的老臣。贺：指祝贺子文举荐了贤人。⑦ 饮（yìn）：使人饮。⑧ 蒍贾：字伯嬴，楚国名相孙叔敖之父。⑨ 以靖国也：鲁僖公二十三年，子玉伐陈有功，子文怕他恃功作乱，举荐他为令尹。当时楚大夫叔伯问他为什么。子文回答说："吾以靖国也。"蒍贾这时拿子文说过的话来反驳他。⑩"过三百乘"二句：三百乘兵车的军队，计二万二千五百人。其，语气副词，恐怕。以入，以之入。所省略的代词

“之”，代“三百乘”。⑪ 何后之有：“有何后”的倒装，意思是不算晚。

冬，楚子及诸侯围宋①。宋公孙固如晋告急②。先轸曰③：“报施、救患④，取威、定霸，于是乎在矣！”狐偃曰：“楚始得曹，而新昏于卫⑤。若伐曹、卫，楚必救之，则齐、宋免矣⑥！”于是乎蒐于被庐⑦，作三军，谋元帅⑧。赵衰曰：“郤縠可⑨。臣亟闻其言矣⑩，说礼、乐而敦《诗》、《书》⑪。《诗》、《书》，义之府也⑫；礼、乐，德之则也⑬；德、义，利之本也。《夏书》曰⑭：‘赋纳以言，明试以功，车服以庸⑮。’君其试之！”乃使郤縠将中军，郤溱佐之⑯。使狐偃将上军，让于狐毛⑰，而佐之。命赵衰为卿⑱，让于栾枝、先轸⑲。使栾枝将下军，先轸佐之。荀林父御戎⑳，魏犨为右㉑。

【注释】

① “楚子”句：据《春秋》载，围宋的诸侯国还有陈、蔡、郑、许等。② 公孙固：宋襄公的庶兄，宋庄公的孙子。③ 先轸（zhěn）：晋下军佐，后升任中军将，食邑在原，又名原轸。④ 报施：报答恩惠。重耳流亡时，宋襄公曾送他八十匹马。⑤ 新昏：即新婚，指楚、卫两国新近结为姻亲。⑥ 齐宋免矣：去年，楚与鲁伐齐，占领了齐的谷邑（今山东省东阿县）并派了楚将申叔侯驻守。狐偃认为若伐曹、卫，楚国对齐、宋的威胁可以一起解除。⑦ 蒐（sōu）：阅兵。被庐：晋

地，今地不详。⑧“作三军”二句：鲁闵公元年（前661），晋建上、下二军。这时改设上、中、下三军，各军设将和佐。以中军将为元帅。⑨ 郤縠（xì hú）：晋大夫。⑩ 亟（qì）：屡次。⑪ 说：“悦”的本字。敦：爱重。⑫ 府：府库。⑬ 则：准则。⑭《夏书》：《尚书》中有关夏代的部分。⑮“赋纳”三句：见于今《尚书·益稷》。赋，通“敷”，今《尚书》亦作“敷”，普遍。纳，接纳，听取。明，清楚。试，考察。功，指工作任务。庸，功绩，这里指酬劳功绩，即用不同等级的车马服饰来论功行赏。⑯ 郤溱（zhēn）：晋大夫。⑰ 狐毛：狐偃的哥哥。⑱ 卿：指下军将。⑲ 栾枝：晋大夫，又称栾贞子。⑳ 荀林父：晋大夫，又称荀伯、中行桓子。㉑ 魏犨（chóu）：即魏武子。

晋侯始入而教其民，二年[①]，欲用之。子犯曰：“民未知义，未安其居。”于是乎出定襄王[②]，入务利民，民怀生矣。将用之。子犯曰：“民未知信，未宣其用[③]。”于是乎伐原以示之信[④]。民易资者[⑤]，不求丰焉[⑥]，明征其辞[⑦]。公曰：“可矣乎？”子犯曰：“民未知礼，未生其共[⑧]。”于是乎大蒐以示之礼，作执秩以正其官[⑨]。民听不惑，而后用之。出谷戍，释宋围，一战而霸[⑩]，文之教也。（以上僖公二十七年）

【注释】

① 二年：晋文公回国为君后的第二年，即鲁僖公二十五年，下文所说“出定襄王”和“伐原”都是这一年的事。

② 出定襄王：鲁僖公二十四年，周襄王被他的弟弟王子带驱逐而逃到郑国。二十五年，晋文公出兵攻杀王子带，送襄王回国复位。③ 宣：明白。④“伐原”句：原：地名，在河南省济源市北。僖公二十五年，晋文公“出定襄王”之后，周襄王把原地赏赐给他。原人不服，文公率兵围原，命令三天攻下。三天没有攻下，文公下令退兵。间谍报告说，原人就要投降了。文公说，信用是国家之宝，不能因为得原而失信。撤兵三十里之后，原人就投降了。“示之信”即指此事。⑤ 易资：交换货物。⑥ 不求丰：不追求过多的利润。丰，多。⑦ 明征其辞：“其辞明征”的倒装。明征，可以明白地加以验证。即真实可信。译文采用了意译。⑧ 共：同“恭”。⑨ 执秩：主管官吏爵秩升降的官。正其官：规定百官的职责，使之正规。⑩“出谷戍”三句：都是说下一年的事。

二十八年春，晋侯将伐曹，假道于卫①。卫人弗许。还，自南河济②，侵曹、伐卫。正月戊申，取五鹿。二月，晋郤縠卒。原轸将中军，胥臣佐下军③，上德也④。

【注释】

① 假道：卫在晋之东，曹又在卫之东，所以晋伐曹要向卫国借路。② 南河：晋地，在今河南省卫辉南。黄河曾流经这里。济：渡河。③ 胥臣：晋大夫，又称司空季子。④ 上：通“尚”，崇尚。先轸原为下军佐，位列第六；现升任

中军将，位列第一。是因为“尚德”。

晋侯、齐侯盟于敛盂[①]，卫侯请盟[②]，晋人弗许。卫侯欲与楚[③]，国人不欲，故出其君，以说于晋[④]。卫侯出居于襄牛[⑤]。

公子买戍卫[⑥]，楚人救卫，不克。公惧于晋，杀子丛以说焉。谓楚人曰：“不卒戍也。”

【注释】

① 齐侯：齐昭公，名潘，桓公之子。敛盂：卫地，在今河南省濮阳东南。② 卫侯：卫成公，名郑，卫文公之子。晋文公怨卫文公曾对他“不礼”和卫成公不同意借路，所以不允许卫国结盟。③ 与：亲附。④ 说：“悦”的本字，取悦，讨好。⑤ 襄牛：卫地，是卫国的东北边境。⑥ 公子买：鲁大夫，字子丛。当时鲁卫结盟，所以派他驻守卫国。

晋侯围曹，门焉[①]，多死。曹人尸诸城上，晋侯患之[②]。听舆人之谋[③]，称“舍于墓”[④]，师迁焉。曹人凶惧[⑤]，为其所得者，棺而出之。因其凶也而攻之。三月丙午，入曹。数之[⑥]，以其不用僖负羁[⑦]，而乘轩者三百人也[⑧]；且曰献状[⑨]。令无入僖负羁之宫[⑩]，而免其族，报施也。魏犨、颠颉怒曰：“劳之不图，报于何有[⑪]？”爇僖负羁氏[⑫]。魏犨伤于胸，公欲杀之，而爱其材。使问，且视之；病[⑬]，将杀之。魏犨束胸见使者，曰：“以君之灵，不有宁也？”距跃三百⑭，曲踊三百⑮。乃舍之⑯。杀颠颉以徇于师⑰，立舟之侨以为戎右⑱。

【注释】

① 门：动词，攻门。② 患：忧虑。之：指“尸诸城上”这件事。③ 舆人：众人，指士兵。④ 称：说，扬言。舍于墓：在曹人墓地上扎营，表示要挖墓暴尸。⑤ 凶：通“匈”，惊恐慌乱的样子。⑥ 数：列举罪状。⑦ 僖负羁：曹大夫，晋文公流亡经过曹国时，他曾暗中给文公送过饭食和玉璧。⑧ 乘轩者：指大夫。轩，大夫以上所乘的车子，车高有窗。这句说，曹是小国，却滥封了三百名大夫。⑨ 献状：谓观状，责问当年曹文公观看重耳裸状。参见《晋公子重耳之亡》。⑩ 宫：住宅。先秦时代房屋通称宫，后来才专指宫殿。⑪“劳之不图”二句：“不图劳，何有于报”的倒装句。魏犨和颠颉都曾随从重耳流亡，但未得厚赏，因此怨恨文公不考虑报答自己的功劳，却记着报答僖负羁的小恩惠。⑫ 爇(ruò)：烧。氏：古时候姓之下的分支，这里指家。⑬ 病：伤势重。⑭ 距跃：向高跳。⑮ 曲踊：向远跳。三百：虚数，指多次。魏犨用跳跃表示自己伤势不重。⑯ 舍之：放过他。⑰ 徇：通告。⑱ 舟之侨：虢国旧臣，于鲁闵公二年投奔晋国。戎右：即车右。魏犨原任车右，这时被免职。

宋人使门尹般如晋师告急①。公曰：“宋人告急，舍之则绝②；告楚不许；我欲战矣，齐、秦未可。若之何？”先轸曰：“使宋舍我而赂齐、秦，藉之告楚[3]。我执曹君而分曹、卫之田以赐宋人。楚爱曹、卫，必不许也。喜赂、怒顽，能无战乎？”公说，执曹伯，分曹、卫之田以畀宋人[4]。

【注释】

① 门尹般：宋大夫。② 舍：丢开不管。③ 藉（jiè）：依仗。之：指秦、齐。④ 畀（bì）：给与。

楚子入居于申[1]，使申叔去谷[2]，使子玉去宋，曰：“无从晋师！晋侯在外，十九年矣，而果得晋国。险阻艰难，备尝之矣[3]；民之情伪[4]，尽知之矣。天假之年[5]，而除其害[6]。天之所置，其可废乎？《军志》曰[7]：‘允当则归[8]。’又曰：‘知难而退。’又曰：‘有德不可敌。’此三志者，晋之谓矣。”子玉使伯棼请战[9]，曰：“非敢必有功也，愿以间执谗慝之口[10]。”王怒，少与之师，唯西广、东宫与若敖之六卒实从之[11]。

【注释】

① 申：本姜姓国，此时已为楚邑，在今河南省南阳市。② 申叔：即申叔侯，占领齐国谷邑并在那里驻守的楚军将领。去：离开。③ 备：完全。尝：指经历过。④ 情：真实。伪：虚假。⑤ 天假之年：上天给他长寿。假，借，给。⑥ 除其害：指除去了晋惠公、晋怀公、吕甥、郤芮等。⑦《军志》：古代的兵书。⑧ 允当：恰当，恰如其分。⑨ 伯棼（fén）：楚

大夫斗椒，又称子越。⑩ 间(jiàn)：乘间，借机会。执：塞，堵住。谗慝(tè)：诽谤，说坏话，这里用作名词，指诽谤者。这是针对𫇭贾而说。⑪ 西广(guàng)：楚国国君的亲兵分左右广，每广有兵车十五乘；西广即右广。东宫：太子的卫队。若敖：楚国先君熊仪的名号，其子孙沿用为氏。若敖也是子玉的祖先，"若敖之六卒"，即若敖宗族的亲军。卒：三十乘兵车为一卒，六卒共有兵车一百八十乘。

子玉使宛春告于晋师曰①："请复卫侯而封曹②，臣亦释宋之围。"子犯曰："子玉无礼哉！君取一③，臣取二④，不可失矣。"先轸曰："子与之⑤！定人之谓礼，楚一言而定三国，我一言而亡之。我则无礼，何以战乎？不许楚言，是弃宋也；救而弃之，谓诸侯何？楚有三施⑥，我有三怨⑦，怨仇已多，将何以战？不如私许复曹、卫以携之⑧，执宛春以怒楚，既战而后图之⑨。"公说，乃拘宛春于卫，且私许复曹、卫。曹、卫告绝于楚。

【注释】

① 宛(yuān)春：楚大夫。② 复卫侯：让逃离国都的卫侯恢复君位。封曹：建立曹国。当时晋国已扣留曹君，并把曹国土地分给了宋国，所以楚国要求"封曹"。③ 君：指晋文公。取一：指释宋之围。④ 臣：指子玉。取二：指复卫侯和封曹。⑤ 与：答应。⑥ 三施：指使曹、卫、宋都得到恩惠。⑦ 三怨：指使曹、卫、宋三国都产生怨恨。⑧ 携：分离。

指离间曹、卫跟楚国的关系。⑨ 图：考虑。之：指复曹、卫的事。

子玉怒，从晋师。晋师退。军吏曰："以君辟臣①，辱也！且楚师老矣②，何故退？"子犯曰："师直为壮③，曲为老④，岂在久乎？微楚之惠不及此⑤。退三舍辟之⑥，所以报也⑦。背惠食言，以亢其仇⑧，我曲楚直；其众素饱⑨，不可谓老。我退而楚还，我将何求？若其不还，君退、臣犯，曲在彼矣。"退三舍。楚众欲止，子玉不可。

【注释】

① 辟：同"避"。② 老：疲乏，士气不振。③ 直：理直，指符合正义。④ 曲：理亏，指不合乎正义。⑤ 微：带有假设意味的连词，要不是，没有。⑥ 三舍：九十里。一舍为三十里。⑦ 报：报答。重耳流亡时经过楚国，受到楚成王款待。重耳许诺将来晋、楚交战时，晋军要退避三舍。⑧ 亢(kàng)：庇护。仇：敌人，指宋国。⑨ 其众：指楚国士兵。素：向来。饱：士气饱满。

夏四月戊辰，晋侯、宋公、齐国归父、崔夭、秦小子慭次于城濮①。楚师背酅而舍②，晋侯患之。听舆人之诵曰③："原田每每④，舍其旧而新是谋⑤。"公疑焉。子犯曰："战也！战而捷，必得诸侯。若其不捷，表里

山河⑥，必无害也。”公曰：“若楚惠何？”栾贞子曰：“汉阳诸姬⑦，楚实尽之。思小惠而忘大耻，不如战也。”晋侯梦与楚子搏⑧，楚子伏己而盬其脑⑨，是以惧。子犯曰：“吉。我得天，楚伏其罪⑩，吾且柔之矣⑪！”

【注释】

① 宋公：宋成公，襄公之子，名王臣。国归父、崔夭：都是齐大夫。小子慭(yìn)：秦穆公之子。城濮：卫地，在今山东省鄄(juàn)城县西南的临集镇。② 背：背靠着。酅(xī)：地名，是城濮附近一个险要的丘陵地。③ 诵：不配乐曲的歌辞。④ 原田：高原之田。每每：青草茂盛的样子。⑤ 舍其旧：放弃旧田。古代用休耕法，旧田耕种几年之后，地力衰退，即须另辟新田。新是谋：即谋新，指开辟新田耕种。这两句用来比喻晋国应该丢开楚国旧日的恩惠，及时开辟新的疆土。⑥ 表：外。里：内。表里山河，指晋国外有黄河之隔，内有太行山之险，靠山面河，地势优越。⑦ 汉：汉水。阳：河流的北面。⑧ 搏：徒手对打，格斗。⑨ 盬(gǔ)：吸吮。⑩“我得天”二句：狐偃为了打消文公的疑虑，把梦解释为：文公仰卧向天，象征得到天助；楚王俯身压住文公，面向下，象征伏罪。⑪ 柔之：软化他，使他驯服。古人认为脑汁可以使硬的东西变软，楚子吮吸脑汁，所以被驯服。

子玉使斗勃请战①，曰：“请与君之士戏②，君冯轼而观之③，得臣与寓目焉④。”晋侯使栾枝对曰：“寡君闻命矣。楚君之惠，未之敢忘，是以在此⑤。为大夫退，其敢当君乎！既不获命矣，敢烦大夫谓二三子⑥：戒尔车乘⑦，敬尔君事⑧，诘朝将见⑨。”

【注释】

① 斗勃：楚大夫。② 戏：玩耍，游戏。古代凡比赛胜负的都可以称戏。子玉借指战争，反映了他的自负轻敌。③ 冯：同“凭”，靠着。④ 得臣：子玉的字。寓目：观看。⑤ 此：指退避三舍后的地方。⑥ 大夫：指斗勃。二三子：指楚军将领子玉、子西等。⑦ 戒：准备。⑧ 敬：重视，认真对待。君事：国君交付的事。⑨ 诘朝：明天早上。

晋车七百乘，韅、靷、鞅、靽①。晋侯登有莘之墟以观师②，曰：“少长有礼，其可用也。”遂伐其木，以益其兵③。

己巳，晋师陈于莘北④，胥臣以下军之佐当陈、蔡⑤。子玉以若敖之六卒将中军⑥，曰：“今日必无晋矣！”子西将左⑦，子上将右⑧。胥臣蒙马以虎皮，先犯陈、蔡。陈、蔡奔，楚右师溃。狐毛设二旆而退之⑨，栾枝使舆曳柴而伪遁⑩，楚师驰之，原轸、郤溱以中军公族横击之⑪。狐毛、狐偃以上军夹攻子西，楚左师溃。楚师败绩。子玉收其卒而止，故不败。

晋师三日馆、谷⑫，及癸酉而还。甲午，至于衡雍⑬，作王宫于践土⑭。

【注释】

① 韅(xiǎn)、靷(yǐn)、鞅(yāng)、靽(bàn)：装备在马身上的各种皮件。据杜预注："在背曰韅，在胸曰靷，在腹曰鞅，在后曰靽。"这里形容晋军车马装备齐全。② 有莘(shēn)：古国名，在今山东省曹县西北。虚：同"墟"，旧城废址。③ 兵：兵器，这里指各种攻战器械。④ 莘北：当在城濮附近。⑤ 陈、蔡：陈、蔡之军属楚军右师。⑥ 中军：楚军建制分左、中、右三军，以中军为最高统帅。⑦ 子西：楚左军统帅斗宜申的字。⑧ 子上：楚右军统帅斗勃的字。⑨ 旆(pèi)：装饰有飘带的大旗。古代只有中军才设二旆，狐毛本来统率上军，故意设二旆伪装中军败退，诱楚军深入。⑩ 舆：车。曳：拖着。栾枝用车拖着树枝使灰尘扬起，伪装败逃。遁(dùn)：逃跑。⑪ 公族：国君的同族。中军公族，中军里由公族子弟组成的晋侯亲兵。⑫ 馆：居住，指驻扎在楚国的军营里。谷：吃粮，指吃楚军丢弃的军粮。⑬ 衡雍：郑地，在今河南省原阳县西。⑭ 践土：郑地，在今河南省原阳县西南。

乡役之三月[①]，郑伯如楚致其师[②]。为楚师既败而惧，使子人九行成于晋[③]。晋栾枝入盟郑伯。五月丙午，晋侯及郑伯盟于衡雍。丁未，献楚俘于王[④]：驷介百乘[⑤]，徒兵千。郑伯傅王[⑥]，用平礼也[⑦]。己酉，王享醴[⑧]，命晋侯宥[⑨]。王命尹氏及王子虎、内史叔兴父策命晋侯为侯伯[⑩]，赐之大辂之服、戎辂之服[⑪]，彤弓一[⑫]，彤矢百，玈弓矢千[⑬]，秬鬯一卣[⑭]，虎贲三百

人[15]。曰："王谓叔父[16]：'敬服王命，以绥四国[17]，纠逖王慝[18]。'"晋侯三辞，从命，曰："重耳敢再拜稽首，奉扬天子之丕显休命[19]。"受策以出。出入三觐[20]。

【注释】

① 乡(xiàng)：不久之前。役：指城濮之战。② 致其师：把他的军队交给楚军指挥。③ 子人九：郑大夫，姓子人，名九。行成：休战讲和。④ 王：指周襄王。⑤ 驷介：四马披甲的战车。⑥ 傅：相礼，即主持礼节仪式。⑦ 用平礼：用周平王的礼节。指用从前周平王礼待晋文侯的仪式来接待晋文公。⑧ 享醴：用醴酒设宴招待。醴(lǐ)，甜酒。⑨ 宥(yòu)：同"侑"，劝酒。天子设宴，命诸侯劝酒加餐。⑩ 尹氏、王子虎：周王室的执政大臣。内史：掌管爵禄策命的官。策命：在竹简上写上命令，即书面任命。侯伯：诸侯之长。⑪ 辂(lù)：也作"路"，车。大辂，礼车，祭祀时所乘。戎辂：兵车。服：指与兵车相配套的服饰仪仗。如乘大辂服鷩(bié)冕(用红色雉毛装饰的帽子)，乘戎辂服韦弁(皮帽子)。⑫ 彤：红色。⑬ 玈(lú)：黑色。古代一弓百矢，从"矢千"可以推知这次所赐玈弓共有十张。⑭ 秬鬯(jù chàng)：用黑黍和香草酿成的香酒。卣(yǒu)：一种酒器，圆肚小口，有盖和提梁。⑮ 虎贲(bēn)：勇士。⑯ 叔父：天子对同姓诸侯的称呼，不分行辈。这里指晋文公。⑰ 绥：安抚，安定。⑱ 纠：检举。逖(tì)：惩治。慝(tè)：坏人。⑲ 丕：大。显：明。休：美。这都是"命"的定语。⑳ 出入：犹言"来去"，指从进入到离去。三觐(jǐn)：三次朝见。

卫侯闻楚师败，惧，出奔楚，遂适陈。使元咺奉叔武以受盟①。癸亥，王子虎盟诸侯于王庭，要言曰②："皆奖王室③，无相害也。有渝此盟，明神殛之④，俾队其师⑤，无克祚国⑥，及而玄孙⑦，无有老幼。"君子谓是盟也信，谓晋于是役也，能以德攻。

【注释】

① 元咺(xuān)：卫大夫。奉：拥戴。叔武：卫成公的弟弟。② 要(yāo)言：约言，指誓辞。③ 奖：助。④ 殛(jí)：诛责，严惩。⑤ 俾：使。队：同"坠"，丧亡。⑥ 克：能。祚：享有。⑦ 玄孙：曾孙之子，这里指远代子孙。

初，楚子玉自为琼弁玉缨①，未之服也。先战，梦河神谓己曰："畀余②！余赐女孟诸之麋③。"弗致也。大心与子西使荣黄谏④，弗听。荣季曰："死而利国，犹或为之，况琼玉乎！是粪土也，而可以济师，将何爱焉？"弗听。出，告二子曰："非神败令尹，令尹其不勤民，实自败也。"既败，王使谓之曰："大夫若入，其若申、息之老何⑤？"子西、孙伯曰："得臣将死，二臣止之，曰：'君其将以为戮。'"及连谷而死⑥。

晋侯闻之，而后喜可知也⑦。曰："莫余毒也已⑧！蒍吕臣实为令尹⑨，奉己而已⑩，不在民矣。"

【注释】

① 琼弁(biàn)：用美玉装饰的马冠。琼，美玉。弁，马

冠,用在马鬣毛前面。缨:马鞅,套在马颈上的革带。这句说子玉奢侈过分。② 畀:给。③ 孟诸:宋国沼泽名,在今河南省商丘东北,今已不存。麋(mí):通“湄”,水边草地。孟诸之麋,指宋国的土地。④ 大心:子玉之子,即下文的孙伯。荣黄:楚大夫,即下文的荣季。⑤ 申:本姜姓国,此时已为楚邑。息:本为姬姓小国,现为楚邑,在今河南省息县。老:父老。若……何:“对……怎么办”,这是古汉语的一种固定格式。这句说,子玉带领的申、息子弟都战死了,怎样向申、息的父老交代呢?⑥ 连谷:楚地,今地不详。⑦ 可知:等于说“可见”,指喜形于色。⑧ “莫余毒”:“莫毒余”的倒装。毒,危害。也已,句末语气词连用,表示肯定。⑨ 蒍吕臣:楚大夫,继子玉为令尹,即本篇第一大段的注中提到的叔伯。⑩ 奉己:奉养自己,指为己谋利。

【翻译】

楚成王将要围攻宋国,派子文在睽地操练军队,操练一个上午就结束了,没有惩罚一个人。子玉又在蒍地操练军队,操练了一整天才结束,鞭打了七个人,用箭穿了三个人的耳朵。一班有名望的退职老臣都来祝贺子文举荐了贤能。子文请老臣们喝酒。当时蒍贾年纪还小,最后一个到场,又不向子文祝贺。子文问他什么缘故,蒍贾回答说:“我不知道祝贺什么。您把政事交给子玉的时候,说:‘用他来安定国家。’如果国内得到了安定而国外遭到了失败,得到的好处能有多少?子玉的失败,是您举荐的结果;荐举了他而使国家遭到失败,还祝贺什么呢?子玉为人刚暴而放肆,不能够治理民众。如果让他率领超过三百乘的兵车去作战，恐怕就不能再带着他们回来了。如果他胜利归来，我再祝贺，有什么晚呢？”

这年冬季，楚成王和诸侯国围攻宋国。宋国的公孙固到晋国求援。先轸说：“报答恩惠，救助危难，取得威望，奠定霸业，就在这一回了。”狐偃说：“楚国刚刚得到曹国的亲附，又新近和卫国结为婚姻。我们如果去攻打曹国和卫国，楚国一定得去援救他们，那么，齐国和宋国都可以免受威胁了。”于是晋国就在被庐阅兵，开始建立上、中、下三军，并商量元帅的人选。赵衰说：“郤縠能胜任。我多次听过他的谈话，他喜欢礼乐而爱重《诗》、《书》，《诗》、《书》是义理的府库；礼、乐是道德的准则；道德义理，又是利益的根本。《夏书》上说：‘广泛听取他的言论，仔细考验他的能力，赏给他车马衣服以表彰他的功绩。’您不妨用他试一试。”于是晋文公就派郤縠统率中军，郤溱辅助他。派狐偃统率上军，狐偃让给了狐毛，而自己来辅助他。派赵衰为下军统帅，赵衰推让给了栾枝和先轸。文公就派遣栾枝统率下军，先轸辅助他。荀林父替晋文公驾御兵车，魏犨担任车右。

晋文公刚回到国内就训练他的民众，第二年，就打算用民众作战。狐偃说：“民众还不能明辨道理，还不安守他们的本分。”文公于是在国外安定了周襄王的君位，在国内极力让民众得到利益，民众都有安居乐业的意思了。文公又打算用民众作战。狐偃说：“民众还不懂得诚信，还不明白它的作用。”文公于是通过伐原这件事向民众表明诚信的作用。百姓中交换货物的，不贪求暴利，他们开的价码都诚实可信了。文公说：“现在可以了吧？”狐偃说：“民众还不懂得礼法，还没有养成恭敬从命的习惯。”文公于是举行大规模的阅兵，向民众表明礼法的作用，并且设立执秩的官，让他来规定百官的职责。等到民众听到命令不再疑惑动摇，然后才使用民众作战。就这样，逼使楚国撤出谷地的守军，解除了诸侯对宋国的包围，城濮一战而成就霸业，这都是文公教化的结果。

……

鲁僖公二十八年的春天，晋文公将要攻打曹国，向卫国借路。卫国人不答应。晋兵退回来，从南河这个地方渡过黄河，入侵曹国，攻打卫国。正月初九，攻占了卫国的五鹿。二月，晋国的郤縠去世。先轸升任中军主帅，胥臣接任下军副将，这样做是看重有德行的人。

晋文公和齐昭公在敛盂订立盟约，卫成公也请求参加结盟，晋国人不同意。卫成公就打算投靠楚国，国内的人却不愿意，所以驱逐了他们的国君来讨好晋国。卫成公逃出国都，在襄牛这个地方住了下来。

当时，鲁国的公子买在卫国驻防，楚国去救卫国，没有获胜。鲁僖公害怕晋国，就杀了公子买来讨好晋国。对楚国人却说："杀公子买是因为他不尽力驻守。"

晋文公领兵包围了曹国国都，攻打城门的时候，晋国很多人战死。曹国人就把晋军的尸体摆在城上示众，晋文公很担心这事会影响士气。就听从士兵们的计谋，扬言"把军队驻扎在曹国人的墓地里"，并且把军队移驻到了那里。曹国人又慌乱又害怕，把他们得到的晋兵尸体，都装进棺材送出城去。晋军就趁着曹人慌乱的时候攻城。三月初八，晋军进入曹国国都。晋文公列举曹国的罪状，因为他们不重用僖负羁却有三百名乘坐高车的大夫；并且说到当年曹文公观看自己裸浴的罪状。晋文公还下令不准进入僖负羁的宅院，而且赦免他的全族人，这是为了报答他的恩惠。魏犨和颠颉很生气，说："我们的功劳却不考虑赏赐，僖负羁有什么值得报答的？"他俩放火烧了僖负羁的家。魏犨的前胸受了伤，晋文公想杀了他，却爱惜他的才干。就派人去看看他的伤势；要是他伤势很重，就打算杀了他。魏犨包扎好胸部的伤口才出来见文公的使者，说："托国君的福，我这不是很好吗？"当着使者的面，向上跳了很多次，又向前跳了很多次。文公这才宽恕了他。文公杀了颠颉并且在全军示众，任命舟之侨为兵车右卫。

宋国派门尹般到晋军求救。晋文公说："宋国来请求救援，丢下宋国不管就会断了两国的交往；请楚国撤兵，楚国又不依；我们想跟楚国打一仗，齐国和秦国还不赞成。怎么办呢？"先轸说："让宋国不求我们，而去给齐国和秦国送财礼，通过齐、秦两国去要求楚国撤兵。我们却把曹君扣起来，把曹、卫两国的田地分给宋国。楚国亲近曹国和卫国，一定不肯答应秦国和齐国的请求。秦、齐两国既喜欢宋国的财礼，又恼恨楚国的固执，能不打起来吗？"晋文公很高兴，就扣押了曹共公，把曹国和卫国的田地分给了宋国。

楚成王回到申地驻兵，命令申叔撤离谷地，又命令子玉撤离宋国，对他们说："不要进逼晋军！晋侯在国外流亡十九年，而最终得到了晋国。各种艰难险阻，他都经历了，民间的真假虚实，他全都明白了。老天爷给他长寿，又清除了他的对头。这是上天的安排，难道能推翻他吗？《军志》说：'恰到好处就应当回头。'又说：'知道困难就应当退却。'又说：'有德的人抵挡不住。'这三条记载，就是对晋国说的了。"子玉派伯棼向楚成王请求出战，说："我不敢说一定就有功劳，只是想借此机会堵住那些播弄是非的人的嘴巴。”楚成王很生气，就少派军队给他，只有西广、东宫两支军队和若敖族的一百八十辆兵车随他出发。

子玉派宛春来通知晋军说：“请晋国恢复卫侯的君位并且让曹国能重立国家，我也解除对宋国的包围。”狐偃说：“子玉太无礼了！做国君的只得到一样好处，做臣子的倒得到两样好处，进攻楚国的机会不要失掉了。”先轸说：“您答应他！能安定别人才叫有礼，楚国一句话就使曹、卫、宋三国安定下来，我们一句话就把他们葬送了。那是我们自己无礼了，还凭什么去打仗？我们不答应楚国的要求，那就是扔下宋国不管；既然来救宋国，却又扔下不管它，我们对诸侯怎样解释呢？楚国有三国的恩惠，我们有三国的仇恨。仇敌太多了，还靠什么来打仗？不如暗地里答应恢复曹国和卫国，来拆散他们跟楚国的关系，再扣留宛春来激怒楚国，打完仗再去考虑恢复曹、卫的问题。”晋文公听了很高兴，就把宛春拘禁在卫国，并且暗地里答应恢复曹国和卫国。曹、卫两国于是宣告跟楚国断绝交往。

子玉很生气，就进逼晋军。晋军却向后撤退。晋国的军官们说：“做国君的却躲避臣子，这是耻辱啊！况且楚军已经士气衰落了，我们为什么还要撤退呢？”狐偃说：“两国交兵，理直就士气旺盛，理亏就士气衰落，难道还在于出征时间的长短吗？要不是楚国的恩惠，我们也到不了今天这个地步。我们后撤九十里来避开楚军，就是用这个行动来报答楚国。如果我们忘恩负义取消诺言，保护楚国的敌人，那么，我们理亏，楚国理直；楚国的士兵向来士气高昂，不能说是士气衰竭。如果我们后退而楚军也撤了回去，我们还要求什么呢？要是做国君的已经退走，做臣子的还要进犯，理亏就在他们那一边了。”晋军后退了九十里。楚国的士兵们想停止前进，子玉却不依。

夏季四月初一，晋文公、宋成公、齐国的国归父和崔夭、秦国的小子憖进驻城濮。楚军背靠着名叫酅的丘陵险地安营。晋文公为这事犯愁。这时候他听到士兵们唱的歌辞：“高田里的野草乱蓬蓬，丢了旧田再把新田耕。”晋文公对此疑惑不定。狐偃说：“打吧！我们打胜了，就一定能得到诸侯的拥戴。如果失利了，晋国外有黄河之阻、内有太行之险，也一定不会有什么损害。”晋文公说：“对楚君的恩惠怎么办呢？”栾枝说：“汉水北面的那些姬姓国家，楚国把它们都吞并完了。我们还想着那点小恩小惠，却忘记了这个奇耻大辱，不如就跟他们打一仗！”晋文公夜里梦见跟楚成王对打，楚成王趴在他身上吸他的脑汁，因此感到害怕。狐偃说：“这是吉兆。我们得到天助，楚国伏罪，我们就要使楚国顺服了。”

子玉派斗勃来要求交战，对文公说：“请允许跟您的士兵们玩耍玩耍，您可以靠在车前横杠上参观参观，得臣我也陪着您瞧瞧！”晋文公让栾枝回答说：“我们的国君领教了。楚王的恩惠，我们不敢忘记，所以才退到这里。对子玉大夫尚且要退让，哪里敢抵挡楚君呢？既然得不到贵国退兵的命令，那么就麻烦您转告贵国几位将领：准备好你们的战车，认真对待贵君交付的任务，明天早上将要见面。”

晋军有七百辆兵车，马身上的各种装备十分齐全。晋文公登上古莘国的旧城遗址检阅军容，说：“年轻的和年长的都很有纪律，我们可以用来作战了！”于是下令砍伐当地的树木，用来补充作战的器械。

四月四日，晋兵在莘北摆开阵势，胥臣以下军副帅的身份率部抵挡陈、蔡两国的军队。子玉用若敖氏的一百八十辆兵车带领楚国中军，说："今天一定没有晋国了！"子西统率楚国左军，斗勃统率楚国右军。晋将胥臣用虎皮把战马蒙上，首先攻击陈、蔡两国联军。陈、蔡的军队败逃，楚国的右军就溃散了。狐毛树起两面大旗假装败退，栾枝让战车拖着树枝假装逃跑，楚军追过来，先轸和郤溱统率中军的公族子弟兵向楚军拦腰截击。狐毛和狐偃指挥上军从两边夹攻子西，楚国的左军也溃散了。楚军大败。子玉及时收住他的士兵，所以他的中军没有打败仗。

晋军在楚营里驻留了三天，吃楚军丢下的粮食，到四月八日才起程返国。四月二十九日到达衡雍，在践土给周襄王修了一座行宫。

在这次战役之前的三个月，郑文公去楚国把他的军队交给楚国指挥。后来，因为楚军打了败仗而感到害怕，就派子人九去向晋国讲和。晋国的栾枝进入郑国和郑文公结盟。五月十一日，晋文公和郑文公在衡雍订立盟约。十二日，晋文公把楚国战俘献给周襄王：四匹披甲战马的兵车一百辆，步兵一千名。郑文公替周襄王主持典礼仪式，用的是当年周平王接待晋文侯的礼节。十四日，周襄王用甜酒设宴款待，并且叫晋文公向自己敬酒。襄王还命令尹氏、王子虎和内史叔兴父用策书任命晋文公为诸侯的首领，赐给他一辆大辂车和配套的服饰仪仗，一辆大戎车和配套的服饰仪仗，红色的弓一把，红色的箭一百支，黑色的弓十把，黑色的箭一千支，用黑黍和香草酿造的酒一卣，勇士三百名。并且说："周王告诉叔父：'恭敬地服从周王的命令，来安抚四方的诸侯，督察和惩治危害周王的坏人。'"

晋文公辞让了三次,才接受了策命,说:"重耳再拜叩头,接受并发扬天子发布的伟大、光明和美好的命令。"这才接过策书退出。晋文公从进入成周到离去,一共三次朝见了周襄王。

卫成公听说楚军被打败了,感到害怕,就逃到楚国,又逃往陈国。卫国派元咺辅佐叔武去接受盟约。五月二十八日,王子虎和诸侯在周王的厅堂里立誓缔约,誓辞说:"大家都要扶助王室,不得互相残害。有背叛盟誓的,圣明的神会严惩他,使他的军队复灭,不能再享有国家,一直到你的远代子孙,不论老老少少,都不能逃脱惩罚。"君子认为这次盟誓是谨守信用的,认为晋国在这次战役中,能够倚仗德行进行征讨。

当初,楚国的子玉自己做了一套用美玉装饰的马冠和马鞅,还没有用过。交战之前,梦见河神对自己说:"送给我!我赏给你宋国孟诸的沼泽地。"子玉不肯交出。子玉的儿子大心和大夫子西让荣黄去劝他,子玉不肯。荣黄说:"牺牲性命如果对国家有利,还要去干,何况只是美玉罢了!那些东西是粪土,如果能够用它来使军队得胜,有什么可以吝啬的呢?"子玉还是不肯。荣黄出来,告诉他们两人说:"不是河神让令尹打败仗,令尹不替民众尽力,实在是自找失败。"楚军战败以后,楚王派人对子玉说:"您如果回到楚国来,怎样向申、息两地的父老们交代呢?"子西和大心对使者说:"子玉本来想自杀,我们两个拦住他,说:'国君还准备惩治你呢!'"子玉到了连谷,就自杀了。

晋文公听到了子玉自杀的消息,喜形于色地说:"没有人危害我了!蒍吕臣当令尹,只是替自己谋利罢了,不会为老百姓着想。"

十二、烛之武退秦师

本文选自鲁僖公三十年(前630)。秦、晋两国围郑,郑国派烛之武去游说秦穆公退兵。文章开头先交代伐郑的原因在于晋而不在于秦,而且秦、晋两军分驻两地,留下了可以乘机劝说的契机。然后插入烛之武先推辞后受命这个小插曲,增加了文章的波澜。

烛之武见秦伯的说辞,紧紧抓住秦、晋两国的矛盾,处处扣住“利害”二字加以发挥。前一段就秦与郑的关系立论,说明“亡郑以陪邻”,于秦无益而有害;若“舍郑以为东道主”,则对秦无害而有益。后一段就秦与晋的关系立论,先举旧例,说明晋人惯于背惠忘恩,用以离间两国关系,再进一步指出亡郑之后,晋人势必“阙秦以利晋”。层层剖析,入情入理,听起来竟好像不是为了保存郑国,简直是处处为秦国的利害存亡设想。秦穆公深思之后,不但立刻退兵,还留下秦将代郑戍守以防备晋国。这篇出色的外交辞令所取得的成果是非常显著的。

九月甲午，晋侯秦伯围郑，以其无礼于晋①，且贰于楚也②。晋军函陵③，秦军氾南④。

佚之狐言于郑伯曰⑤：“国危矣！若使烛之武见秦君⑥，师必退。”公从之。辞曰：“臣之壮也，犹不如人；今老矣，无能为也已。”公曰：“吾不能早用子，今急而求子，是寡人之过也。然郑亡，子亦有不利焉！”许之。

【注释】

① 以：因。其：指郑国。无礼：重耳流亡的时候路过郑国，郑文公不以礼相待。② 贰：两属，既亲附晋国，又同时心向楚国。贰于楚，指城濮之战中“郑伯如楚致其师”的事。③ 函陵：郑地，在今河南省新郑北。④ 氾（fán）：郑国水名，在今河南省中牟县西南，早已干涸。⑤ 佚之狐：郑大夫。⑥ 烛之武：郑大夫。

夜，缒而出①。见秦伯，曰：“秦晋围郑，郑既知其亡矣。若亡郑而有益于君，敢以烦执事。越国以鄙远②，君知其难也；焉用亡郑以陪邻？邻之厚，君之薄也。若舍郑以为东道主③，行李之往来④，共其乏困⑤，君亦无所害。且君尝为晋君赐矣⑥。许君焦瑕⑦，朝济而夕设版焉⑧，君之所知也。夫晋何厌之有？既东封郑⑨，又欲肆其西封⑩；不阙秦，将焉取之⑪？阙秦以利晋，唯君图之。”

秦伯说，与郑人盟。使杞子、逢孙、杨孙戍之⑫，乃还。

【注释】

① 缒(zhuì):用绳子吊着重物,这里指用绳子缚住烛之武从城墙上吊下来。② 鄙:边邑。这里用作动词。鄙远,把远地作为边邑。郑在东,秦在西,中间隔着晋国。秦国要越过晋国才能占有郑国的土地。③ 东道主:东方路上的主人。介词"以"后面省略了代词"之"。④ 行李:使臣,外交官员。⑤ 共:同"供",供给。乏困:指资财粮食等的不足。⑥ 尝:曾经。为晋君赐:给晋君恩惠。赐,恩惠。晋君,指晋惠公。秦穆公曾帮助他回国为君。⑦ 焦:晋邑,在今河南省三门峡市附近。瑕:晋邑,在今河南省灵宝市东。⑧ 济:渡河。版:筑土墙用的夹板,这里指用版筑的工事。⑨ 封:疆界,这里用作动词。封郑,以郑为疆界。⑩ 肆:放肆。这里指极力扩张。⑪ 焉:代词,可理解为"于之","从那里"的意思。⑫ "杞子"句:杞子等三人都是秦国大夫。戍:驻守。

子犯请击之。公曰:"不可。微夫人之力不及此①。因人之力而敝之②,不仁;失其所与③,不知④;以乱易整⑤,不武。吾其还也。"亦去之⑥。

【注释】

① 微:带有假设语气的连词,"要不是"的意思。夫(fú):那。夫人,那个人。这句意思是,自己靠了秦国的帮

助才能回国为君。参见《晋公子重耳之亡》。② 因：倚仗。敝：坏，指伤害。③ 与：联合。所与，指友好国家，盟国。④ 知：同“智”。⑤ 乱：指冲突。整：指团结一致。⑥ 去：离开。

【翻译】

九月十三日，晋文公和秦穆公率军包围郑国，因为它对晋国无礼，并且心向楚国。晋军驻扎在函陵，秦军驻扎在氾水南面。

佚之狐对郑文公说：“国家很危急了，如果派烛之武朝见秦穆公，敌军一定会撤回去。”郑文公依从了他的意见。烛之武却推辞说：“我年青力壮的时候，尚且比不上人家。现在老了，干不了什么了。”郑文公说：“我不能及早任用您，现在形势危急才来求您，这就是我的过错了。可是郑国亡了，您也有不利的地方啊！”烛之武这才答应了。

夜里，用绳子把烛之武吊出了城。烛之武朝见秦穆公，说：“秦国和晋国围攻郑国，郑国已经知道要亡国了。要是灭亡郑国而对您有利，那就冒昧地拿这件事来麻烦您。但是，跨过一个国家而把远地作为边邑，您知道这是很困难的；哪里用得着灭亡郑国来增加邻国的土地呢？邻国的实力增强了，您的实力就减弱了。要是放过郑让它作为东路上的主人，秦国外交官员来来往往，也好供应些他们所短缺的东西，您也不会有什么害处。况且您已经给过晋惠公好处了。他答应给您焦邑和瑕邑，早上一过黄河，晚上就在那里修筑工事，这是您知道的。晋国哪有满足的时候？它已经向东把郑国作为边界，又将极力扩张它的西部边境。不损害秦国，它将到哪里取得土地呢？损害了秦国却让晋国得到好处,您还是考虑考虑这件事情吧!”

秦穆公听了很高兴,就跟郑国订立盟约,派杞子、逢孙和杨孙驻守郑国,这才起程回国。

狐偃请求进攻秦军,晋文公说:“不能这么做。要不是那个人的力量,我们到不了今天。依靠人家的力量却去损害人家,这是不仁;失去了同盟国家,这是不智;用互相冲突来代替团结一致,这是不武。我们还是回去吧!”晋文公也离开了郑国。

十三、晋秦殽之战

本文选自鲁僖公三十二年(前 628)、三十三年。城濮之战,晋国一举奠定了它的霸主地位。逐步强大起来的秦国也不甘心株守于西北一隅,趁着晋文公去世,就出兵越过晋境远袭郑国,被晋国在殽地打败。此后,秦、晋关系恶化,为楚国势力的北进提供了机会。本篇完整地记叙了这次战役中秦、晋、郑三方的一些重要史实。

“蹇叔哭师”是贯串全篇的主线。秦国出师前,蹇叔已经把不可“劳师以袭远”的道理分析得很透辟。出师时,又把晋军必在殽山二陵之间击败秦军的预见说得非常具体,让读者看出秦国出兵的不义性质和它失败的不可避免。其他情节,则是环绕着主线从不同的侧面进一步揭示秦国失败的原因。卜偃托言“君命大事”,说明晋国早有防备。秦军过周北门而超乘,说明其骄傲轻敌。弦高犒师并“遽告于郑”,使郑国事先防范并驱逐了内奸。先轸说“秦违蹇叔而以贪勤民"，并抓住战机出击，进一步强调了秦军必败。末段秦伯素服哭师时说"孤违蹇叔"，又跟前面遥相呼应。文章结构谨严，并且善于捕捉重要的细节，模拟人物性格化的口吻，用极简练的笔墨，把人物刻画得生动而传神。

冬，晋文公卒。庚辰，将殡于曲沃①。出绛②，柩有声如牛③。卜偃使大夫拜④，曰："君命大事⑤：将有西师过轶我⑥，击之，必大捷焉。"

【注释】

① 殡：停棺待葬。春秋礼制，人死后先停棺于祖庙，再择吉日下葬。曲沃：晋的旧都，晋国的祖庙所在地，在今山西省闻喜县。② 绛：晋都，在今山西省翼城县东南。③ 柩(jiù)：装有尸体的棺材。④ 卜偃：卜官，名偃。⑤ 大事：指战争。卜偃可能已知道秦军将经过晋国去袭击郑国，所以托言"君命"。⑥ 西师：西方军队，指秦军。轶(yì)：后车越过前车。过轶，这里指越过。

杞子自郑使告于秦曰①："郑人使我掌其北门之管②，若潜师以来③，国可得也④。"穆公访诸蹇叔⑤。蹇叔曰："劳师以袭远，非所闻也。师劳力竭，远主备之⑥，无乃不可乎？师之所为，郑必知之。勤而无所⑦，必有悖心⑧。且行千里，其谁不知？"公辞焉。召孟明、西乞、白乙⑨，使出师于东门之外。蹇叔哭之

曰："孟子！吾见师之出而不见其入也！"公使谓之曰："尔何知，中寿⑩，尔墓之木拱矣⑪！"蹇叔之子与师，哭而送之，曰："晋人御师必于殽⑫，殽有二陵焉⑬。其南陵，夏后皋之墓也⑭；其北陵，文王之所辟风雨也。必死是间，余收尔骨焉⑮！"秦师遂东。（以上僖公三十二年）

【注释】

① 杞子：秦国大夫。② 管：钥匙。③ 潜：秘密地。④ 国：国都。⑤ 访：征询。蹇叔：秦国的老臣。⑥ 远主：指郑君。⑦ 勤：劳苦。所：处所。无所，没有着落，指一无所得。⑧ 悖(bèi)：违逆。⑨ 孟明：姓百里，名视，字孟明，秦国老臣百里奚之子。西乞：名术。白乙：名丙。三人都是秦国将军。⑩ 中(zhòng)寿：满寿，年寿满了。⑪ 拱：两手合抱，穆公发怒时说话太急，所以在"尔墓之木拱矣"前面，承上文("不见其入")省略了"及师之入也"一句，所以语意不连贯。(说见洪诚《训诂学》142—143 页) ⑫ 殽(xiáo)：同"崤"，山名。在今河南省洛宁县西北。⑬ 陵：大山。崤有二陵，南陵称西崤山，北陵称东殽山，相距三十里，形势险要。⑭ 夏后皋：夏代的君主皋，夏桀的祖父。后，君。⑮ 焉："于之"，在那里。

三十三年春，秦师过周北门。左右免胄而下①，超乘者三百乘②。王孙满尚幼③，观之，言于王曰："秦师轻而无礼④，必败。轻者寡谋，无礼则脱⑤。入险而

脱，又不能谋，能无败乎？”

【注释】

① 左右：兵车左右两边的士兵。古代一般兵车，御者居中，射手在左，执戈盾者在右。免胄（zhòu）：脱下头盔。“免胄而下”，是表示向周天子致敬。② 超乘：跳上车去。刚下车又立即跳上，这是轻狂无礼的举动。③ 王孙满：周共王之子圉的曾孙。④ 轻：轻狂放肆，指“超乘”。无礼：指过天子之门，不去甲束兵，只“免胄而下”，不合于礼。⑤ 脱：疏略，粗心大意。

及滑①，郑商人弦高将市于周②，遇之，以乘韦先牛十二犒师③，曰：“寡君闻吾子将步师出于敝邑④，敢犒从者。不腆敝邑为从者之淹⑤，居，则具一日之积⑥；行，则备一夕之卫。”且使遽告于郑⑦。

【注释】

① 滑：姬姓小国，在今河南省偃师市境。② 市：做买卖。③ 乘：四。韦：熟牛皮。先：古人送礼，照常例先送轻的东西，再送重的东西，叫以某先某。④ 步师：行军。⑤ 腆（tiǎn）：厚，富裕。淹：久，指久留。⑥ 积：指日常的粮、菜、柴草、马料等。⑦ 遽（jù）：驿车，用过站换马快速传送的车子。

郑穆公使视客馆[①]，则束载、厉兵、秣马矣[②]。使皇武子辞焉[③]，曰："吾子淹久于敝邑，唯是脯资饩牵竭矣[④]。为吾子之将行也，郑之有原圃[⑤]，犹秦之有具囿也[⑥]，吾子取其麋鹿以间敝邑[⑦]，若何？"杞子奔齐，逢孙、杨孙奔宋。

孟明曰："郑有备矣，不可冀也[⑧]。攻之不克，围之不继，吾其还也。"灭滑而还。……

【注释】

① 郑穆公：郑文公的庶子，在这一年即位。② 束载：把装车的物品捆好。厉兵：磨利兵刃。厉，同"砺"。秣马：用秣喂马。③ 辞：道歉，实际上示意要他们离开。④ 唯是：因此。脯(fǔ)：干肉。资：粮食。饩：鲜肉。牵：活的牲畜。⑤ 原圃：郑国的猎场，在今河南省中牟县西北。⑥ 具囿：秦国的猎场，在今陕西省凤翔县。原圃、具囿都是圈养禽兽的地方。⑦ 间(xián)：同"闲"。⑧ 冀：指望，希望得到。

晋原轸曰："秦违蹇叔，而以贪勤民，天奉我也[①]。奉不可失，敌不可纵[②]。纵敌患生，违天不祥。必伐秦师。"栾枝曰："未报秦施，而伐其师，其为死君乎[③]？"先轸曰："秦不哀吾丧而伐吾同姓[④]，秦则无礼，何施之为？吾闻之：'一日纵敌，数世之患也。'谋及子孙，可谓死君乎！"遂发命，遽兴姜戎[⑤]。子墨衰绖[⑥]，梁弘御戎，莱驹为右。

【注释】

① 奉：给与。② 纵：放走。③ 其：副词，表示反诘，和“岂”意思相同。为：有。死君：去世的国君，指文公。这句说：难道心目中还有先君吗？④ 同姓：指郑国和滑国。它们和晋国同是姬姓国。⑤ 遽：紧急。兴：起，发动。姜戎：处于晋国北境的部族。⑥ 子：晋襄公，其父文公未葬，所以称子。墨：染黑。衰(cuī)：丧服。绖(dié)：丧带，系在头部或腰部。古代士兵穿黑色，所以襄公染黑了丧服出征。

夏四月辛巳，败秦师于殽，获百里孟明视、西乞术、白乙丙以归。遂墨以葬文公[1]，晋于是始墨[2]。

文嬴请三帅[3]，曰：“彼实构吾二君[4]。寡君若得而食之，不厌[5]，君何辱讨焉？使归就戮于秦，以逞寡君之志[6]，若何？”公许之。

【注释】

① 墨：指黑色丧服。② 于是：由此，从此。③ 文嬴：秦穆公女，晋文公的夫人，襄公的嫡母。④ 构：离间。⑤ 厌：满足。⑥ 逞：实现，满足。

先轸朝，问秦囚。公曰：“夫人请之[1]，吾舍之矣。”先轸怒曰：“武夫力而拘诸原[2]，妇人暂而免诸国[3]，堕军实而长寇仇[4]，亡无日矣！”不顾而唾[5]。

公使阳处父追之[6]，及诸河[7]，则在舟中矣。释左

骖[8]，以公命赠孟明。孟明稽首曰："君之惠，不以累臣衅鼓[9]，使归就戮于秦。寡君之以为戮，死且不朽[10]。若从君惠而免之，三年，将拜君赐[11]。"

【注释】

① 夫人：指文嬴。② 力：奋力，用力。原：野外，这里指战场。③ 暂：匆忙。免：赦罪而释放。④ 堕（huī）：毁弃。军实：战果，指秦囚。长：助长。⑤ 顾：回头。唾（tuò）：吐口水。⑥ 阳处父：晋大夫。⑦ 河：黄河。⑧ 骖（cān）：古代用四匹马驾车，两边的马称骖。⑨ 累（léi）：捆绑。累臣，被俘之臣，孟明自称。衅鼓：取血涂鼓。古代新制成重要器物，都杀牲涂血而祭，称为衅。也间或用俘囚的血。这里是处死的意思。⑩ 不朽：指名留后世。⑪ 拜君赐：指报仇。

秦伯素服郊次[1]，乡师而哭[2]，曰："孤违蹇叔，以辱二三子，孤之罪也。"不替孟明[3]，曰："孤之过也，大夫何罪？且吾不以一眚掩大德[4]。"（以上僖公三十三年）

【注释】

① 素服：白色丧服。郊次：在郊外等待。② 乡：同"向"。③ 替：废。指撤职。④ 眚（shěng）：眼睛上长的膜，引申为过失。

【翻译】

冬季，晋文公去世了。十二月十二日，准备把灵柩送往曲沃停放。刚走出绛城，棺材里发出声音像牛叫一般。卜偃让大夫们都向着棺材跪拜，说："君发布军事命令：将有西方的军队越过我们的国境，我们拦击它，一定大获全胜。"

杞子从郑国派人向秦国报告说："郑国人让我掌管他们北门的钥匙，如果偷偷地派军队前来，他们的国都是可以到手的。"秦穆公向蹇叔请教。蹇叔说："让军队辛辛苦苦去偷袭远方的国家，这是我没有听说过的。军队辛苦劳累而气力衰竭，远国的君主又有了防范，恐怕不行吧？军队的一举一动，郑国也一定知道。军队辛辛苦苦而一无所得，一定产生怨恨的念头。而且行军千里，谁还不知道？"秦穆公拒绝了蹇叔的意见。穆公召见孟明、西乞、白乙，派他们从东门外面出兵。蹇叔哭着对他们说："孟子啊！我看着大军出发，可是看不到他们回来了！"穆公派人对蹇叔说："你懂得什么！你的年寿满了，等到军队回来，你坟上种的树该长到两手合抱了！"蹇叔的儿子也参加了出征的队伍，蹇叔哭着送他，说："晋国人抵御我军一定是在殽这个地方，殽有两座大山在那里。它南面的大山，是夏王皋的陵墓；它北面的大山，是周文王躲避风雨的地方。你一定会战死在这两座山的中间，我在那里收捡你的尸骨吧！"秦国军队就此向东进发。

鲁僖公三十三年春天，秦国军队经过周王城的北门。战车上左右两边的士兵脱去头盔下车，但马上又跳上车去的共有三百辆战车的士兵。王孙满年纪还小，看到了这种情形，对周天子说："秦军轻狂而无礼，一定要打败仗。轻狂就缺少谋略，无礼就粗心大意。深入险地却粗心大意，又不会出谋画策，能不失败吗？"

秦军到了滑国，郑国的商人弦高正要到周地去做买卖，遇到了秦军。他先送去四张熟牛皮，再用十二头牛犒劳秦军，说：“我们国君听说大夫们将要行军来到敝国，让我冒昧犒劳您的部下。不富裕的敝国，作为您部下的久留之地，要是住下来，我们就准备一天的食用给养；要是离开，我们就准备一夜的安全保卫。”一面又派了接力快马向郑国报告消息。

郑穆公叫人侦察杞子等人住的宾馆，原来他们已经捆扎行装，磨利兵器，喂饱战马了。穆公派皇武子请他们离开，说：“各位大夫在敝国逗留久了，因此敝国的干肉、粮食、鲜肉和牲口也耗尽了。各位大夫将要离开了，郑国有个猎场原囿，正像秦国有个猎场具囿一样，各位大夫猎取那里的麋鹿，也好让敝国休息休息，怎么样？”这样，杞子就逃往齐国，逢孙和杨孙逃往宋国。

孟明说：“郑国已经有准备了，不能指望了。攻它又攻不下来，包围它又没有后援，我们还是回去吧。”就灭了滑国回去。……

晋国的先轸说：“秦国不听蹇叔的意见，因为贪心而让百姓劳累，这是上天赐给我们的机会。机会不能失去，敌人不能放走。放走敌人，就会生出祸患，违背天意，就会不吉利。一定要攻打秦兵。”栾枝说：“还没有报答秦国的恩惠，反而去攻打它的军队，难道心目中还有先君吗？”先轸说：“秦国不为我们的国丧而哀伤，反而攻打我们的同姓国家，秦国就是自己无礼，还有什么恩惠可言呢？我听说过这样的话：‘一旦放走敌人，就是几代人的祸患。’我们为后世子孙着想，可以有理由对先君说了吧？”于是发布了起兵的命令，并迅速动员了姜戎的兵力。晋襄公染黑了丧服出征，梁弘替他驾御兵车，莱驹担任车右。

夏季四月十三日，晋军在殽山打败了秦军，俘虏了百里孟明视、西乞术和白乙丙回到晋国。于是染黑了丧服来安葬晋文公。晋国从这时候开始使用黑色的丧服。

文嬴请求释放孟明等三位大将，说："他们正是挑拨离间秦、晋两国国君的人，我们国君如果把他们抓住，吃他们的肉也不解恨，您何必屈尊去惩罚他们呢？让他们回到秦国去接受刑戮，使我们国君的心愿得到满足，怎么样？"晋襄公答应了。

先轸朝见襄公，问起秦国囚徒。襄公说："母亲替他们求情，我把他们放了！"先轸非常愤怒，说："将士出死力才在战场上捉到他们，一个女人匆忙之间就从国都里把他们放走，断送了我们的战果而助长了敌人，亡国要不了几天了！"头也不回就吐唾沫。

襄公派了阳处父追赶孟明他们，追到黄河边上，孟明几个已经在船上了。阳处父解下战车左边的马，用晋襄公的名义送给孟明。孟明叩头说："承蒙国君的恩惠，不拿我这被俘之臣来取血祭鼓，让我们回到秦国去接受刑罚。如果我们国君把我们处死，死了也能永垂后世。倘若遵从晋君的好意而赦免我们，三年之后，我将会来拜谢晋君的恩赏。"

秦穆公穿了白色的丧服在郊外等待着，向回来的秦国军队哭着说："我不听蹇叔的劝告，使各位受到了屈辱，这是我的罪过呀！"穆公不撤掉孟明的官职，并且说："这是我的过错，各位大夫有什么罪呢？况且我也不能因为一次小过失而埋没了你们的大功劳啊！"

十四、晋灵公不君

本文选自鲁宣公二年(前607),通过几个故事性很强的细节,揭露了晋灵公的荒淫暴虐,表彰了赵盾的直言敢谏和忠于国事,使一个暴君和一位贤臣的形象,活脱脱地呈现在读者眼前。

文章开头先用“晋灵公不君”一句来总括全篇,然后从三件事上分写他的“不君”,并且写他拒绝进谏,还千方百计要杀掉敢于“骤谏”的赵盾,用的是正面描写的方法。写赵盾,却主要用“借宾显主”的方法,从刺客钮麑的眼中,写他一大早“盛服将朝”,从刺客口中赞美他“不忘恭敬”,刺客宁可触槐而死也不忍杀害他。再通过提弥明为他战死和灵辄的倒戈,写他的仁爱和武士对他的拥戴。作者借助这三个小人物的言语和举动,把这位贤臣的形象烘托得非常鲜明。

钮麑触槐自杀之前说的话,没有人能听到,却写得如闻其声。这就不是“记言”,而是作者替古人“代言”了。史家不能凭空虚构史事和情节,却可以根据当时的情势和人物的性格,拟想他们的语言，并合情合理地摹写出来。在这点上，历史记述就跟文学创作有相通之处了。

晋灵公不君[1]：厚敛以雕墙[2]；从台上弹人，而观其辟丸也；宰夫胹熊蹯不熟[3]，杀之，置诸畚[4]，使妇人载以过朝[5]。赵盾、士季见其手[6]，问其故，而患之。将谏，士季曰："谏而不入[7]，则莫之继也[8]。会请先，不入，则子继之。"三进[9]，及溜[10]，而后视之，曰："吾知所过矣，将改之。"稽首而对曰："人谁无过？过而能改，善莫大焉。《诗》曰：'靡不有初，鲜克有终[11]。'夫如是，则能补过者鲜矣。君能有终，则社稷之固也，岂惟群臣赖之[12]。又曰：'衮职有阙，惟仲山甫补之[13]。'能补过也。君能补过，衮不废矣[14]。"

【注释】

① 晋灵公：名夷皋，文公之孙，襄公之子。不君：不行君道，指言行不符合作为一个国君的规矩。② 厚敛：加重征收赋税。雕：画，修饰。③ 宰夫：国君的厨子。胹（ér）：炖，煮。熊蹯（fán）：熊掌。④ 畚（běn）：筐子一类的盛物器具。⑤ 载：通"戴"，用头顶着。⑥ 赵盾：赵衰之子，谥宣子，晋的正卿（首席大臣）。士季：名会，士𫇭之孙，晋大夫。⑦ 入：纳。⑧ 莫之继："莫继之"的倒装。莫，不定指代词，相当于"没有人"。之，指代进谏这件事。意思说：赵盾是正卿，如果他的意见也不被接受，就没有人能继续进谏了。⑨ 三进：向前走了三次。⑩ 溜：屋檐下滴水处。古代臣朝于君，入门为一进，到庭院为二进，上阶至屋檐下为三进，

每进要伏地行礼。灵公不愿听谏，装作没看见，士会三进至檐下，灵公才不得不抬眼看他。⑪“靡不”二句：引自《诗·大雅·荡》。靡，不定指代词，“没有谁”的意思。初，开始。鲜（xiǎn），少。克，能。终，终结。⑫赖：依靠。⑬“衮职”二句：引自《诗·大雅·烝民》。衮（gǔn），天子的礼服，这里借指天子。职，通“识”，适，偶尔。阙，破损，引申为过失。仲山甫，周宣王的贤臣，曾辅佐宣王中兴。补，补衣，引申为弥补，补救。⑭衮：借指君位。

犹不改。宣子骤谏[1]，公患之，使鉏麑贼之[2]。晨往，寝门辟矣[3]，盛服将朝[4]。尚早，坐而假寐[5]。麑退，叹而言曰：“不忘恭敬，民之主也[6]。贼民之主，不忠；弃君之命，不信。有一于此，不如死也！”触槐而死。

【注释】

①骤：多次。②鉏麑（chú mí）：晋国的力士。贼：刺杀。③辟：开。④盛服：穿戴整齐。⑤假寐：不脱衣帽睡觉，打盹儿。⑥主：主人，这里指依靠、靠山。

秋九月，晋侯饮赵盾酒[1]，伏甲[2]，将攻之。其右提弥明知之[3]，趋登[4]，曰：“臣侍君宴，过三爵[5]，非礼也。”遂扶以下。公嗾夫獒焉[6]。明搏而杀之[7]。盾曰：“弃人用犬，虽猛何为！”斗且出[8]。提弥明

死之[9]。

【注释】

① 饮（yìn）：使人喝。② 甲：甲士，披甲的士兵。③ 右：车右。④ 趋：快步走。⑤ 爵：古代的酒器，有三足。⑥ 嗾（sǒu）：用嘴发出指使狗的声音。獒（áo）：凶猛的狗。⑦ 搏：徒手对打。⑧ 且：连词，表示其前后的动作同时进行。⑨ 死之：为之死。之，指赵盾。

初，宣子田于首山[1]，舍于翳桑[2]。见灵辄饿[3]，问其病。曰："不食三日矣！"食之[4]，舍其半。问之。曰："宦三年矣[5]，未知母之存否。今近焉，请以遗之[6]。"使尽之，而为之箪食与肉[7]，置诸橐以与之[8]。既而与为公介[9]，倒戟以御公徒，而免之。问何故，对曰："翳桑之饿人也。"问其名居，不告而退。遂自亡也。

【注释】

① 首山：即首阳山，在今山西省永济东南。② 舍：住宿。翳（yì）桑：首山附近的地名。③ 灵辄：人名。④ 食（sì）之：给他吃东西。⑤ 宦（huàn）：给人当奴仆。⑥ 遗（wèi）：送给。⑦ 箪（dàn）：盛饭的圆筐。食（shí）：饭。⑧ 橐（tuó）：两头有口的口袋，用时以绳扎紧。⑨ 与（yù）：参加。介：甲，指甲士。

乙丑，赵穿攻灵公于桃园①。宣子未出山而复。大史书曰②："赵盾弑其君。"以示于朝。宣子曰："不然。"对曰："子为正卿，亡不越竟③，反不讨贼④，非子而谁？"宣子曰："乌呼⑤！《诗》曰：'我之怀矣，自诒伊戚⑥。'其我之谓矣。"

【注释】

①赵穿：晋大夫，赵盾的堂兄弟。桃园：园囿名。②大（tài）史：即太史，掌记国家大事的史官。这里指晋太史董狐。书：写。③竟：同"境"，国境。④贼：弑君的人，指赵穿。⑤乌呼：叹词，同"呜呼"。⑥"我之怀矣"二句：杜预注认为是逸诗。今《诗·邶风·雄雉》中有这两句，但末字"戚"作"阻"。怀，怀恋。诒，同"贻"，留下。伊，语气词，无实义。戚，忧伤。

孔子曰："董狐，古之良史也，书法不隐①。赵宣子，古之良大夫也，为法受恶②。惜也，越竟乃免③。"

宣子使赵穿逆公子黑臀于周而立之④。壬申，朝于武宫⑤。

【注释】

①书法：史官记事的原则。隐：隐讳，指隐赵盾之罪。②恶：指弑君的恶名。③越竟乃免：杜预注解释孔子这句话的意思说，"越竟则君臣之义绝，可以不讨贼"。④逆：

迎。公子黑臀:晋文公之子,襄公之弟,为周女所生,故迎于周,即位为晋成公。⑤ 武宫:重耳祖父晋武公的庙,在曲沃。

【翻译】

晋灵公的言行不符合做国君的规矩:大量征收赋税来装饰宫墙;从高台上弹射行人,而看他们躲避弹丸的模样。厨子炖熊掌没有炖烂,晋灵公就把他杀了,放在筐里,让宫女们顶着从朝廷经过。赵盾和士季看见了死人的手,就询问厨子被杀的原因,并且为这事忧虑。他们打算向灵公进谏,士季说:"要是您进谏而国君不听,那就没有人能接着进谏了。让我先进去劝谏,国君不听,那么,您再接着进谏。"士季往前走了三次,到了屋檐下滴水处,灵公才抬眼看他,说:"我知道我所犯的错误了,准备改正。"士季叩头回答说:"谁能没有错误,犯错误而能够改正,好事没有比这更大的了。《诗》上说:'人们向善都有个好开头,但很少有人能坚持到底。'要是像这样,能够弥补过失的人就很少了。君王向善能坚持到底,这就是国家的保障了,岂止是臣子们依靠它。《诗》上又说:'天子偶有过失,只有仲山甫来弥补。'这是说能补救过失。君王能弥补过失,君位就不会失去了。"

晋灵公还是不悔改。赵盾又多次向灵公劝谏,灵公很厌恶他这样做,就派了鉏麑去刺杀赵盾。鉏麑一大早就去了赵盾的家,卧室的门已经打开了,赵盾整整齐齐地穿了衣服准备上朝。时间还早,他就坐着打个盹儿。鉏麑退了出来,赞叹地说:"这时候还不忘记恭敬,真是老百姓的靠山啊。杀害老百姓的靠山，这是不忠；背弃国君的命令，这是不信。不忠不信只要有了一条，还不如死了好！”就撞槐树自杀了。

秋季九月，晋灵公请赵盾喝酒，埋伏好了穿铠甲的武士，准备攻杀赵盾。赵盾的车右提弥明发觉了这个阴谋，就快步走上堂去，说：“臣子陪君王宴饮，喝酒超过三杯，就不合礼仪了。”于是扶起赵盾走下堂去。晋灵公嗾使一条猛狗来咬赵盾。提弥明上去搏斗并且杀死了猛狗。赵盾说：“不用人而用狗，即使凶猛，又有什么用？”就一边打斗一边退了出去。提弥明却为赵盾战死了。

当初，赵盾到首阳山打猎，在翳桑住下。看到灵辄饿坏了，就问起他的病情。灵辄说：“不吃东西已经三天了。”赵盾给他东西吃，灵辄留下一半。赵盾问他为什么。灵辄回答说：“我给人家当奴仆已经三年了，不知道母亲还在不在世。现在离她近了，请让我把留下的食物送给她。”赵盾让他把食物吃完，并且替他准备了一篮饭和肉，放在一个口袋里递给他。不久，灵辄加入了晋灵公的甲士队伍，就把武器倒转过来抵挡灵公手下的人，使赵盾躲过了这场大难。赵盾问他为什么这样做，他回答说：“我就是翳桑的饿汉啊！”问他的名字和住处，他不回答就退了出去。赵盾也就自己逃亡去了。

九月二十六日，赵穿在桃园杀死了晋灵公。赵盾还没有走出国境的山界就转回来了。晋国太史写道：“赵盾杀了他的国君。”并且把上边的话拿到朝廷上公布。赵盾说：“不是这样的。”太史回答说：“您作为正卿，逃亡不走出国界，回来不声讨叛贼，不是您杀了国君又是谁呢？”赵盾说：“唉呀！《诗》上说：‘我因为怀恋祖国，反而给自己留下忧伤。'大概就是说我吧!"

孔子说:"董狐是古代的好史官,记事的原则是不隐讳事实。赵盾是古代的好大夫,因为史官的记事原则而蒙受了恶名。可惜啊,如果他走出了国界就可以免掉杀君之名了。"

赵盾派了赵穿到成周去迎接公子黑臀,把他立为国君。十月三日,晋侯去晋武公庙朝拜。

十五、宋及楚平

本文选自鲁宣公十四年(前 595)、十五年。春秋中期,晋、秦在殽之战后关系恶化,南方的楚国就乘机向北扩张。夹在晋、楚、齐三个大国之间的一些二三等国家,就成了大国争夺的对象。本篇记述了楚庄王侵宋和宋人为了保卫国家而坚决抗争的经过。

本篇在记述事件发展的过程中,非常成功地刻画了楚庄王和华元这两个人物形象。楚庄王派使者出访齐、晋,却不向宋、郑借路,故意激怒宋国和郑国,找寻出兵的借口。当他听到宋人中了他设下的圈套、杀了楚使的消息时,作者不直接写他的表情神色,却从袂上、屦上、剑上、车上写他一连串不平常的动作,把楚庄王喜极忘形、侍从们匆忙追赶的急遽神态,活灵活现地表现出来了,可以说是传神之笔。

华元是执政大臣,他明白楚国不向宋国借路的用意,但为了国家的尊严,坚决杀掉了楚使。在危急时刻,又只身夜入楚营,劫持楚帅子反，逼他订盟，自己却不惜作为人质，不愧是一位杰出的爱国者。

楚子使申舟聘于齐①，曰：“无假道于宋②。”亦使公子冯聘于晋③，不假道于郑。申舟以孟诸之役恶宋④，曰：“郑昭、宋聋⑤，晋使不害，我则必死。”王曰：“杀女，我伐之。”见犀而行⑥。

【注释】

① 楚子：楚庄王。申舟：楚大夫，名毋畏，申是他的食邑，舟是字。聘：派使节访问。② “无假道”句：古代诸侯路过他国，必须事先请求借路，才算符合礼节。当时宋国亲近晋国，楚臣过宋而不借路，正想借机会挑起事端。③ 公子冯（píng）：楚公族。④ 孟诸：宋沼泽名，在今河南省商丘东北。鲁文公十年（前617），宋昭公和楚穆王在孟诸打猎。昭公耽误了穆王的命令，申舟就把昭公的御者痛打一顿并拿他来示众。“孟诸之役”就是指这件发生在二十多年前的事。⑤ 昭：明白。聋：糊涂。⑥ 见：引见。犀：申犀，申舟之子。申舟临行前让楚王见其子，是希望楚王能坚守“杀女，我伐之”的诺言。

及宋，宋人止之①。华元曰②：“过我而不假道，鄙我也③。鄙我，亡也。杀其使者，必伐我；伐我，亦亡也。亡，一也。”乃杀之。楚子闻之，投袂而起④，屦及于窒皇，剑及于寝门之外，车及于蒲胥之市⑤。秋

九月，楚子围宋。（以上宣公十四年）

【注释】

① 止：扣留。② 华元：宋国的执政大臣。③ 鄙：边邑。鄙我，以我为边邑。④ 投：甩，挥动。袂（mèi）：衣袖。⑤“屦及”三句：屦：麻做的鞋。及：追上。窒皇：由堂到宫门的甬道。寝门：寝宫（后宫）的门。蒲胥：楚市名。这几句写楚王听到楚使被杀的消息，站起来就往外走，来不及穿鞋、佩剑和坐车。随从们分别拿着鞋、拿着剑、赶着车子从后面追他，分别在好几个地方才追上。

宋人使乐婴齐告急于晋[①]，晋侯欲救之[②]。伯宗曰[③]：“不可，古人有言曰：‘虽鞭之长，不及马腹[④]。’天方授楚，未可与争。虽晋之强，能违天乎？谚曰：‘高下在心[⑤]。’川泽纳污，山薮藏疾[⑥]，瑾瑜匿瑕[⑦]，国君含垢[⑧]，天之道也。君其待之。”乃止。

【注释】

① 乐婴齐：宋大夫。② 晋侯：晋景公。③ 伯宗：晋大夫。④“虽鞭之长”二句：譬喻晋国虽强，也不能跟楚国抗争。⑤ 高下在心：指处理事情要心中有数。⑥ 薮（sǒu）：草木茂盛的浅水湖泽。疾：指害人之物，毒蛇猛兽之类。⑦ 瑾瑜：美玉。匿：隐藏。瑕（xiá）：美玉上的疵斑。⑧ 垢：耻辱。前三句是比喻，这一句才是本意，指暂时忍辱对国家并无损害。

使解扬如宋①，使无降楚，曰：“晋师悉起②，将至矣。”郑人囚而献诸楚。楚子厚赂之，使反其言。不许。三而许之。登诸楼车③，使呼宋人而告之，遂致其君命④。楚子将杀之，使与之言曰：“尔既许不穀，而反之，何故？非我无信，女则弃之，速即尔刑⑤！”对曰：“臣闻之：君能制命为义，臣能承命为信，信载义而行之为利。谋不失利，以卫社稷，民之主也。义无二信，信无二命。君之赂臣，不知命也。受命以出，有死无贾⑥，又可赂乎？臣之许君，以成命也。死而成命，臣之禄也⑦。寡君有信臣，下臣获考死⑧，又何求？”楚子舍之以归。

【注释】

① 解扬：晋大夫。② 悉：全，都。③ 楼车：一种设有瞭望楼的兵车。④ 致其君命：传达了晋君要求宋人坚守待援的命令。⑤ 即：就，走到某个位置。即刑，就刑。⑥ 賈(yǔn)：同“陨”，坠落，引申为丢掉。⑦ 禄：犹言福分。⑧ 考死：善终。这是说，自己完成了使命，虽被杀也死得其所，可以算善终了。

夏五月，楚师将去宋①，申犀稽首于王之马前曰：“毋畏知死而不敢废王命，王弃言焉②！”王不能答。申叔时仆③，曰：“筑室，反耕者④，宋必听命。”从之。宋人惧，使华元夜入楚师⑤，登子反之床⑥，起之，曰：“寡君使元以病告⑦，曰：‘敝邑易子而食⑧，

析骸以爨[9]。虽然[10]，城下之盟[11]，有以国毙，不能从也。去我三十里，唯命是听。’”子反惧，与之盟而告王。退三十里，宋及楚平[12]。华元为质。盟曰：“我无尔诈，尔无我虞[13]。”（以上宣公十五年）

【注释】

① 去：离开。② 弃言：背弃诺言。指楚王背弃了对申舟说的‘女死，我伐之’的话，要从宋国退兵。③ 申叔时：楚大夫。仆：替王驾车。④“筑室”二句：修房子住下，叫回耕田人。这是准备长期围宋而作的安排。⑤ 夜入楚师：杜预注认为华元能夜入楚师，是靠其“乡人”事先探知了虚实。⑥ 子反：楚军主帅公子侧。⑦ 病：指极端困难的情况。⑧ 易：交换。⑨ 析：劈开。爨(cuàn)：烧火做饭。⑩ 虽：即使。然：这样。⑪ 城下之盟：兵临城下而被逼签订的盟约，指投降。⑫ 平：讲和。⑬ 无：不要。虞：欺骗。

【翻译】

楚庄王派申舟到齐国访问，对他说：“不要向宋国请求借路。”又派公子冯到晋国访问，也不向郑国请求借路。申舟因为在孟诸打猎那件事情上得罪过宋国，就对楚王说：“郑国是明白的，宋国是糊涂的；访问晋国的使臣不会有危险，我却必死无疑。”楚王说：“宋国真要杀了你，我就攻打它。”申舟让儿子申犀去见过楚王就出发了。

申舟一到宋国，宋国人就把他扣住了。华元说：“经过我们的地方却不向我们借路，这是把我国当成楚国的边邑了。把我国当成楚国的边邑，这是亡国；杀了他的使臣，楚国必定要攻打我们，攻打我们，也是亡国。亡国是一样的。”就把申舟杀了。楚庄王听到申舟被杀的消息，一甩袖子就站起来往外跑，一群随从追到甬道里才让他穿上鞋，追出寝宫门外才让他佩上剑，追到蒲胥街上才让他坐上车子。秋季九月，楚庄王领兵包围了宋国。

……

宋国人派了乐婴齐向晋国报告情况危急。晋景公打算救援宋国。伯宗说：“不行，古人有过这样的话：‘即使鞭子再长，也打不着马肚子。’上天正在保佑楚国，现在还不能跟他斗。晋国虽然强盛，难道能够违背天意吗？俗话说：‘抬高压低，想在心里。’河流沼泽可以包纳污秽，山林草莽可以暗藏毒物，美玉可以隐匿疵点，国君也是可以容忍耻辱的，这是老天的常规。您还是等一等吧！”晋侯才停止了出兵。

晋国派解扬到宋国去，叫宋国不要向楚国投降，让他说：“晋国军队已经全体出动，就快到宋国了。”解扬经过郑国的时候，郑国人扣住解扬并把他献给楚国。楚庄王用重礼收买他，让他对宋国人说相反的话。解扬不答应。再三强逼他，才同意了。楚庄王让解扬上了楼车，要他对宋人喊话说晋不来救宋，解扬就趁机传达了晋君要宋人坚守待援的命令。楚庄王要杀解扬，派人对他说：“你已经答应我，却又违反诺言，这是什么原因？不是我不讲信用，而是你丢掉了信用。赶快去接受你该遭到的刑罚吧。”解扬回答说：“我听过这样的话：国君能够制定正确的命令就叫做道义，臣子能够奉行国君的命令就叫做诚信，诚信包含着道义并且贯彻它就叫做利益。考虑问题不能丢掉利益，以便捍卫国家，这才是百姓的依靠。合乎道义就不能有两种诚信,讲求诚信也不能接受两种相反的命令。君王用厚礼收买我,就是不懂得臣子接受命令的道理。我奉命出使,宁可牺牲也不能够背弃使命,难道可以拿财物来收买吗?我之所以答应君王,是为了能完成我的使命。我死了却能够完成使命,这是我的福分。我们国君有个诚信的臣子,我又能够死得其所,还要求什么呢?"楚庄王释放了解扬,让他回到晋国。

夏季五月,楚国军队将要撤离宋国,申犀在楚王的马前叩头说:"毋畏明知必死却不敢不遵从您的命令,现在您倒背弃诺言了。"楚王不能回答。当时,申叔时替楚王驾车,他说:"在这里修起房子,把种田的人叫回来,做出久围的打算,宋国就一定会听从命令了。"楚王照他的话办。宋国人害怕起来,就派华元在夜里摸进楚营,上了子反的床,把他拉起来,说:"我们国君派我来把我们的苦难告诉你,说:'敝国人交换了孩子吃肉,劈了骨头烧火。即使这样,兵临城下被逼签订的盟约,就算让国家灭亡,也不能同意。如果撤离我们三十里地,就一切听从吩咐。'"子反害怕起来,就跟华元定了盟誓并且报告了楚王。楚军后撤了三十里,宋国就跟楚国讲和了。华元自己作了人质。誓辞说:"我不哄你,你不骗我。"

十六、 齐晋鞌之战

本文选自鲁成公二年(前 589)。晋国在泌之战中被楚国打败,威望下降。为了重振霸业,必须遏止齐国的扩张,争取小国的归附。鲁成公二年,鲁、卫受到齐国的侵略而向晋国求救,晋国主帅郤克也对出使齐国受辱一事记恨在心,所以晋国就联合鲁、卫,在鞌地和齐国进行了战争。

本篇对双方交战的过程作了非常具体而细致的描绘,从齐侯"灭此朝食"、"不介马而驰"开始,到齐侯从徐关入、遇辟司徒之妻结束,中间插入许多紧张精彩的细节:郤克"流血及屦,未绝鼓音";解张"左并辔,右援枹而鼓";晋军绕着华不注山追击齐军;韩厥如何俘虏假齐侯;齐侯如何脱险;齐侯如何三进三出敌军,找寻逢丑父,等等。一个紧接一个扣人心弦的精彩画面,组成了一幅古代战争的长卷画轴,令人目不暇给。

宾媚人赂晋求和也是本篇的重要部分。宾

媚人针对郤克蛮横无理的"质母"和"尽东其亩"的讲和条件，一层层加以揭露和驳斥。最后郑重申明，求和不许，齐国将收集残兵，决一死战，虽未必能胜，也只有在决战之后才能听从晋命。严正的立场，坚定的态度，却用极其委婉动听的言辞加以阐明，既不唐突冒犯，激怒对方，也绝不低声下气，卑恭屈节，的确是一篇出色的外交辞令。

二年春，齐侯伐我北鄙①，围龙②。顷公之嬖人卢蒲就魁门焉③，龙人囚之。齐侯曰："勿杀，吾与而盟④，无入而封⑤。"弗听，杀而膊诸城上⑥。齐侯亲鼓，士陵城⑦。三日，取龙，遂南侵，及巢丘⑧。

【注释】

① 齐侯：齐顷公。② 龙：鲁邑，在今山东省泰安市东南。③ 嬖人：受宠的人。卢蒲就魁：人名。④ 而：你，你们。⑤ 封：国境。⑥ 膊：通"曝"，暴露。膊诸城上，暴尸于城上。⑦ 陵城：爬上城墙。⑧ 巢丘：鲁邑，当在龙邑附近。

卫侯使孙良夫、石稷、宁相、向禽将侵齐①，与齐师遇。石子欲还。孙子曰："不可。以师伐人，遇其师而还，将谓君何？若知不能，则如无出②。今既遇矣，不如战也。"

石成子曰："师败矣，子不少须，众惧尽③。子丧

师徒，何以复命？”皆不对。又曰：“子，国卿也。陨子④，辱矣。子以众退⑤，我此乃止⑥。”且告车来甚众⑦。齐师乃止，次于鞫居⑧。新筑人仲叔于奚救孙桓子⑨，桓子是以免。……

【注释】

① 卫侯：卫穆公。孙良夫：卫大夫，又称孙桓子。石稷：又称石成子，卫贤臣石碏的四世孙。宁相：宁俞子。向禽将：卫大夫。② 如：副词，应当。③“子不”二句：少须，稍稍等待。这两句说，要是不稍停一下收束败军，恐怕要全军覆没。④ 陨：指损失。⑤ 以：带领。⑥ 我此乃止：“我乃止此”的倒装。⑦ 且：连词，表示前后事同时进行。车：援军的战车。⑧ 鞫(jū)居：旧说在河南封丘县。⑨ 新筑：卫邑，在今河北省大名县附近。新筑人，新筑的邑大夫。

孙桓子还于新筑，不入，遂如晋乞师。臧宣叔亦如晋乞师①。皆主郤献子②。晋侯许之七百乘。郤子曰：“此城濮之赋也③。有先君之明与先大夫之肃④，故捷。克于先大夫，无能为役，请八百乘。”许之，郤克将中军，士燮佐上军⑤，栾书将下军⑥，韩厥为司马⑦，以救鲁、卫。臧宣叔逆晋师，且道之⑧。季文子帅师会之⑨。

及卫地，韩献子将斩人。郤献子驰，将救之。至，则既斩之矣。郤子使速以徇⑩，告其仆曰：“吾以分谤也⑪。”

【注释】

① 臧宣叔：鲁大夫。② 主：动词，住在某人家里并把他作为主人。郤献子：郤克，在鲁宣公十七年（前592）曾出使齐国，齐顷公之母萧同叔子嘲笑他跛足，郤克大怒，发誓要报仇，所以鲁、卫两国来使都投奔他。③ 赋：本指赋税，古代又依赋出兵甲车马，所以又指军赋，即兵员装备。④ 先君：指晋文公。先大夫：本国的前辈大夫。指先轸、狐偃、栾枝等在城濮之战中卓有战功的大夫。肃：机敏。⑤ 士燮（xiè）：又称范文子，范叔，士会之子。⑥ 栾书：又称栾武子，栾枝之孙。⑦ 韩厥：又称韩献子。司马：军法官。⑧ 道：同"导"，做向导，开路。⑨ 季文子：季孙行父，鲁国的执政大臣。⑩ 徇（xún）：示众。⑪ 分谤：分担人们的指责。

师从齐师于莘[①]。六月壬申，师至于靡笄之下[②]。齐侯使请战曰："子以君师辱于敝邑，不腆敝赋[③]，诘朝请见。"对曰："晋与鲁、卫，兄弟也。来告曰：'大国朝夕释憾于敝邑之地[④]。'寡君不忍，使群臣请于大国，无令舆师淹于君地[⑤]。能进不能退，君无所辱命[⑥]。"齐侯曰："大夫之许，寡人之愿也；若其不许，亦将见也。"齐高固入晋师[⑦]，桀石以投人[⑧]，禽之而乘其车[⑨]，系桑本焉[⑩]，以徇齐垒[⑪]，曰："欲勇者贾余馀勇[⑫]！"

【注释】

① 莘：卫地，在今山东省莘县北。② 靡笄（jī）：山名，

今山东省济南市的千佛山。③ 赋：军赋，即兵员装备。④ 大国：等于说贵国，尊称齐。释憾：撒气，发泄怨恨。⑤ 舆师：众军。淹：久留。⑥ 无所辱命：不劳吩咐。这是答应交战的意思。⑦ 高固：齐大夫。⑧ 桀：举。⑨ 禽：同"擒"。⑩ 本：树根。⑪ 徇：遍告。⑫ 贾（gǔ）：买。

癸酉，师陈于鞌[①]。邴夏御齐侯[②]，逢丑父为右。晋解张御郤克[③]，郑丘缓为右[④]。齐侯曰："余姑翦灭此而朝食[⑤]。"不介马而驰之[⑥]。郤克伤于矢，流血及屦，未绝鼓音[⑦]，曰："余病矣[⑧]！"张侯曰："自始合[⑨]，而矢贯余手及肘[⑩]，余折以御，左轮朱殷[⑪]，岂敢言病？吾子忍之！"缓曰："自始合，苟有险，余必下推车，子岂识之[⑫]？然子病矣！"张侯曰："师之耳目，在吾旗鼓，进退从之[⑬]。此车一人殿之[⑭]，可以集事[⑮]，若之何其以病败君之大事也？擐甲执兵[⑯]，固即死也[⑰]；病未及死，吾子勉之[⑱]！"左并辔[⑲]，右援枹而鼓[⑳]。马逸不能止[㉑]，师从之，齐师败绩。逐之，三周华不注[㉒]。

【注释】

① 鞌：同"鞍"，齐地，在今山东省济南市西北。② 邴（bǐng）夏：及下句逢丑父都是齐大夫。③ 解张：晋大夫，下文又称张侯。④ 郑丘缓：晋大夫，姓郑丘，名缓。⑤ 姑：暂且。翦灭：消灭，翦与灭同义。朝食：吃早饭。⑥ 不介马：不给马披上甲。⑦ 未绝鼓音：古代作战，主帅亲掌旗鼓，用

来指挥三军进退，所以郤克受伤仍然击鼓不停。⑧ 病：负伤。⑨ 合：交战。⑩ 贯：穿过。及：连词，和。肘：胳膊。⑪ 朱：大红色。殷：暗红色。⑫ 识：知道。这句说郤克受重伤而专心击鼓，不知车右下去推车。⑬“师之耳目”三句：大意说，全军都跟着旗帜和鼓声而决定进退。⑭ 殿：镇守。⑮ 集事：成事。⑯ 擐（huàn）：穿着。兵：武器。⑰ 即死：就死，往死里走。⑱ 勉：努力，尽力。⑲ 并：合在一起。辔（pèi）：缰绳。解张驾车本来用两手执缰，现在把缰绳合到左手。⑳ 援：拽过来。枹（fú）：鼓槌。㉑ 逸：狂奔。㉒ 周：环绕。华不注：山名，在今济南市东北。

韩厥梦子舆谓己曰[①]：“且辟左右[②]！”故中御而从齐侯[③]。邴夏曰：“射其御者[④]，君子也。”公曰：“谓之君子而射之，非礼也。”射其左，越于车下[⑤]；射其右，毙于车中[⑥]。綦毋张丧车[⑦]，从韩厥曰：“请寓乘[⑧]。”从左右，皆肘之[⑨]，使立于后。韩厥俛[⑩]，定其右[⑪]。逢丑父与公易位[⑫]。将及华泉[⑬]，骖絓于木而止[⑭]。丑父寝于辗中[⑮]，蛇出于其下，以肱击之[⑯]，伤而匿之[⑰]，故不能推车而及。韩厥执絷马前[⑱]，再拜稽首，奉觞加璧以进[⑲]，曰：“寡君使群臣为鲁、卫请，曰：‘无令舆师陷入君地。’下臣不幸，属当戎行[⑳]，无所逃隐，且惧奔辟而忝两君[㉑]。臣辱戎士[㉒]，敢告不敏[㉓]，摄官承乏[㉔]。”丑父使公下，如华泉取饮[㉕]。郑周父御佐车、宛茷为右[㉖]，载齐侯以免。韩厥献丑父，郤献子将戮之，呼曰：“自今无有代其君任患者[㉗]，有一于此，将为戮乎？”郤子曰：“人不难以死免其君[㉘]，我

戮之，不祥。赦之，以劝事君者[29]。”乃免之。

【注释】

① 子舆：韩厥之父。② 辟：同“避”。左右：车的左边和右边。古代车战，君主或元帅站在兵车中间，御者在左，车右在右。一般的兵车由御者居中，射手在左，车右在右。这两句是插叙前一天晚上的事。③ 中御：韩厥是司马，本应在左，这时却代替御者居中驾车。④ “射其御”二句：邴夏认为韩厥的仪态风度像贵族，所以请齐侯射他。⑤ 越：坠落。⑥ 毙：仆倒。⑦ 綦(qí)毋张：晋大夫，姓綦毋，名张。⑧ 寓：寄。寓乘，搭车。⑨ 肘之：用肘推他，示意不能站在左右两边。⑩ 俛：同“俯”。⑪ 定其右：把车右的尸身放稳当。⑫ 易位：逢丑父本在右位，知道齐顷公可能被俘，就趁韩厥俯身时与居中的齐顷公交换位置。⑬ 华泉：华不注山下的泉水名。⑭ 骖(cān)：位置在车前两旁的马。絓：同“挂”，绊住。⑮ 轏(zhàn)：一种用竹木横条编成的轻便棚车。⑯ 肱(gōng)：手臂。⑰ 匿之：隐瞒伤情。从“丑父寝”一句到此，是追叙交战前夜发生的事。⑱ 縶：绊马索。古代贵族外出，奴仆“负羁縶以从”，韩厥执縶，是表示对齐侯(已由逢丑父冒充)行臣仆之礼。⑲ 奉：捧。觞(shāng)：盛酒器，用途相当于酒杯。进：献。⑳ 属：适，正好。戎行(háng)：兵车队列，指齐军。㉑ 忝(tiǎn)：羞辱。㉒ 辱：自谦之辞。戎士：军人。这句说，自己不够格担任军职因而羞辱了军人。㉓ 敢：表示恭敬的副词。不敏：不聪明，迟钝。这是当时常用的谦词。㉔ 摄：代理。承乏：谦词，由于人才缺乏而来充数。韩厥言外之意是：自己既然当了军

人，就要履行职责，把齐侯（丑父冒充的假齐侯）俘虏回去。㉕ 饮：喝的水。㉖ 郑周父、宛茷（fèi）：都是齐大夫。佐车：副车。㉗ 自今："自今以往"的意思，从现在追溯到以前。任患：承担灾难。㉘ 难：意动用法，认为难。这句说，不把"以死免其君"看作难事。㉙ 劝：勉励。

齐侯免，求丑父，三入三出[①]。每出，齐师以帅退[②]。入于狄卒[③]，狄卒皆抽戈楯冒之[④]。以入于卫师，卫师免之[⑤]。遂自徐关入[⑥]。齐侯见保者[⑦]，曰："勉之，齐师败矣！"辟女子[⑧]，女子曰："君免乎？"曰："免矣。"曰："锐司徒免乎[⑨]？"曰："免矣。"曰："苟君与吾父免矣，可若何？"乃奔。齐侯以为有礼。既而问之，辟司徒之妻也[⑩]。予之石窌[⑪]。

【注释】

① 三入：指入晋军，入狄卒，入卫师。② 齐师以帅退：齐军掩护主帅齐侯撤出。③ 狄卒：狄人无兵车，只有步兵，故称卒。狄卒是晋国的友军。④ 楯：同"盾"。冒：遮护，使免受伤害。⑤ 免之：不伤害他。狄、卫都害怕齐国，不敢过分得罪齐君。⑥ 徐关：齐地，在今山东省临淄西。⑦ 保者：守卫城邑的人。⑧ 辟：同"避"，使避开，驱赶。⑨ 锐司徒：军械官，这位女子的父亲。⑩ 辟司徒：主管营垒的官。辟，通"壁"，营垒。⑪ 石窌（liū）：齐地，在今山东省长清东南。

晋师从齐师，入自丘舆[①]，击马陉[②]。齐侯使宾媚人赂以纪甗、玉磬与地[③]：“不可，则听客之所为[④]！”宾媚人致赂[⑤]，晋人不可[⑥]，曰：“必以萧同叔子为质[⑦]，而使齐之封内尽东其亩[⑧]。”对曰：“萧同叔子非他，寡君之母也。若以匹敌[⑨]，则亦晋君之母也。吾子布大命于诸侯，而曰必质其母以为信，其若王命何[⑩]？且是以不孝令也。《诗》曰：‘孝子不匮，永锡尔类[⑪]。’若以不孝令诸侯，其无乃非德类也乎[⑫]？先王疆理天下[⑬]，物土之宜[⑭]，而布其利[⑮]。故《诗》曰：‘我疆我理，南东其亩[⑯]。’今吾子疆理诸侯，而曰‘尽东其亩’而已，唯吾子戎车是利[⑰]，无顾土宜，其无乃非先王之命也乎？反先王则不义，何以为盟主？其晋实有阙[⑱]。四王之王也[⑲]，树德而济同欲焉；五伯之霸也[⑳]，勤而抚之，以役王命。今吾子求合诸侯，以逞无疆之欲[㉑]。《诗》曰：‘布政优优，百禄是遒[㉒]。’子实不优而弃百禄[㉓]，诸侯何害焉？不然，寡君之命使臣，则有辞矣。曰：‘子以君师辱于敝邑，不腆敝赋，以犒从者[㉔]。畏君之震[㉕]，师徒桡败[㉖]。吾子惠徼齐国之福[㉗]，不泯其社稷[㉘]，使继旧好，唯是先君之敝器、土地不敢爱[㉙]。子又不许，请收合余烬[㉚]，背城借一[㉛]。敝邑之幸[㉜]，亦云从也[㉝]；况其不幸，敢不唯命是听？’”鲁、卫谏曰：“齐疾我矣[㉞]。其死亡者，皆亲昵也。子若不许，仇我必甚。唯子[㉟]，则又何求？子得其国宝，我亦得地[㊱]，而纾于难[㊲]，其荣多矣。齐、晋亦唯天所授，岂必晋？”晋人许之，对曰：“群臣帅赋舆以为鲁、卫请[㊳]。若苟有以藉口而复于寡君[㊴]，君之惠也，敢不唯命是听？”

擒郑自师逆公⑩。

【注释】

① 丘舆:齐地,在今山东省青州西南。② 马陉:齐地,在丘舆之北。③ 宾媚人:齐大夫,又称国佐。纪:国名,为齐所灭。甗(yǎn):甑一类的炊具,分两层,上可蒸,下可煮,用陶或青铜制成。④ 客:指晋国。⑤ 赂:礼物。⑥ 晋人:当指郤克。⑦ 萧同叔子:齐顷公之母。萧是国名,同叔是萧国国君的字,子是女儿。郤克跛足,受过萧同叔子的嘲笑,所以提出以她为质,不便直言齐君之母,所以称萧同叔子。⑧ 封内:境内。亩:田垄。尽东其亩,把田间道路全都改从东西方向。这样做,就使晋军向齐境东进时便于兵车行走。⑨ 匹敌:对等,相当。⑩"其若"句:意思是先王提倡孝治,晋国要求以齐侯之母为质,就违反了先王之命。⑪"孝子"二句:见《诗·大雅·既醉》。匮,穷尽。锡,同"赐",给与。⑫ 其:表示不肯定的语气词。无乃:岂不是。德类:以孝德赐其同类。⑬ 疆:划定疆界。理:区分地理,确定土地特性。⑭ 物:观察,物色。⑮ 布:分布,安排。⑯"我疆"二句:引自《诗·小雅·信南山》。⑰"唯吾子"句:"唯利吾子戎车"的倒装。⑱ 阙:过失。⑲ 四王:夏禹、商汤、周文王、周武王。王:春秋时以能统一天下者为王。⑳ 五伯:指夏代的昆吾,商代的大彭、豕韦,周代的齐桓公和晋文公。伯:通"霸"。春秋时以能统领诸侯为天子效力者为霸主。㉑ 无疆:无止境。㉒"布政"二句:引自《诗·商颂·长发》。布,施行。优优,宽和的样子。禄,福。遒(qiú),聚。㉓ 优:优优的省略。㉔ 以犒从者:当时的外交

辞令,指两国交战。㉕ 震:威。㉖ 桡败:挫败。㉗ 惠:表示恭敬的副词,意思是对方的行动对自己是恩惠。徼:求。㉘ 泯:灭。㉙ 爱:吝惜。㉚ 余烬:剩余的燃烧物,比喻残余兵力。㉛ 背城借一:背靠己城决一死战。㉜ 幸:指幸而战胜。㉝ 云:助词,无义。从:服从。㉞ 疾:痛恨。㉟ 唯:义同"虽",即使。㊱ 得地:得回被齐国侵占的土地。㊲ 纾(shū):解除。㊳ 赋舆:兵车。㊴ 若苟:同义词连用,表示假设。藉口:可以答复的理由。复:回报。㊵ 禽郑:鲁大夫。鲁成公来与齐、晋会盟,禽郑从军中出发去迎接。

秋七月,晋师及齐国佐盟于爰娄[①],使齐人归我汶阳之田[②]。公会晋师于上鄍[③],赐三帅先路三命之服[④]。司马、司空、舆师、候正、亚旅皆受一命之服[⑤]。

【注释】

① 爰娄:齐地,在今山东省淄川区境。② 汶阳:鲁地,在今山东省宁阳县北。③ 上鄍(míng):在今山东省阳谷县境。④ 三帅:郤克、士燮、栾书。先路:卿所乘的礼车,由天子或诸侯所赐才能称"路"。三命之服:卿的礼服。⑤ 司马:掌军法之官。司空:掌营垒之官。舆师:掌兵车之官。候正:掌斥候(侦察瞭望)之官。亚旅:职掌不详,属大夫官秩。一命之服:大夫的礼服。

【翻译】

鲁成公二年的春天,齐顷公进攻我国北部边境,包围了龙城。齐顷公的宠臣卢蒲就魁来攻打龙城城门，龙城人把他捉住了。齐顷公说："不要杀他，我跟你们订立盟约，不进入你们的国界。"鲁国人不答应，杀了卢蒲就魁并且在城上陈尸。齐顷公就亲自擂起战鼓，齐军士兵爬上城头。三天，就攻占了龙城。接着向南进兵，到了巢丘。

卫穆公派了孙良夫、石稷、宁相和向禽将进攻齐国，跟齐国军队相遇了。石稷想收兵回国，孙良夫说："不行。我们带领军队去攻打人家，碰上人家的军队就往回撤，将对国君怎么交代呢？如果知道不能打这一仗，就不如不出兵。现在已经碰上了，不如打一仗。"

石稷说："我军打了败仗，您不稍稍停下来稳住队伍，恐怕要全军覆没。您丧失了军队，还拿什么向国君复命呢？"大家都不作声。石稷又说："您是国卿，如果损失了您，就是耻辱。您带着士兵们后撤，我就留在这里抵御敌人。"一面又通告全军，说援军的战车将会来得很多。齐国军队停止了进攻，在鞫居扎营。新筑大夫仲叔于奚领兵来救孙良夫，孙良夫这才躲过了这场祸难。……

孙良夫回到了新筑，不入国都，就到晋国去请求发兵。鲁国的臧宣叔也到晋国去请求发兵。两人都住在郤克家里把他当主人。晋景公答应派给郤克七百辆兵车。郤克说："这是城濮之战的兵员装备。当时有先君的贤明和先辈大夫的机敏，所以打了胜仗。我跟先辈大夫相比，还不够格做他们的奴仆，请派八百辆兵车吧！"晋景公答应了。郤克统率中军，士燮辅佐上军，栾书统率下军，韩厥担任司马，来救援鲁国和卫国。鲁国的臧宣叔来迎接晋军，还替晋军领路。季文子也统率鲁军来同晋军会合。

到了卫国地界，韩厥正要行刑杀人。郤克驱车赶来，想救下这个人。赶到的时候,这个人已经被杀掉了。郤克叫人赶快用死者的尸首示众,并对他的驾车人说:“我想用这办法替韩厥分担别人的责难。”

联军追踪齐军到了莘地。六月十六日,联军来到了靡笄山下。齐顷公派人要求交战,说:“您带了贵君的队伍屈临敝国,敝国兵员装备不多,明天早上请跟我们见见面。”晋军方面回答说:“晋国跟鲁、卫两国是兄弟国家,他们来告知我们说:‘贵国不分早晚在敝国的土地上撒气。’我们国君心里不忍,所以派我们几个臣子来向贵国请求,也不让我们的军队在贵国呆得太久。我们也只能进不能退,您用不着吩咐了!”齐顷公说:“大夫们答应的事,正是我的心愿;如果您不答应,也是要见一见的。”齐国的高固冲入晋军,举起石头向晋人掷去,活捉了晋军的人并且乘了他的兵车回去,还在车后系上桑树根,在齐国军营中巡行,说:“想要勇气的,来买我多馀的勇气!”

六月十七日,双方军队在鞌地摆开阵势。邴夏替齐顷公驾车,逢丑父担任车右。晋国的解张替郤克驾车,郑丘缓担任车右。齐顷公说:“我姑且去杀尽了这些家伙再吃早饭。”不给马披上甲就驱车进击晋军。郤克被箭射伤了,血流到鞋子上,他一直没有让鼓声停下来。他说:“我受伤了!”解张说:“从开始交战,箭就射穿了我的手和胳膊,我折断箭杆继续驾车,左边的车轮子被血染成了暗红色,哪里敢说受伤?您忍一忍吧!”郑丘缓说:“从开始交战,只要有难走的地方,我都下去推车子,您哪里会知道这些?不过您的确负伤了!”解张说:“全军的耳朵都听着我们的鼓声,眼睛都看着我们的旗子,进攻和后撤都听旗鼓指挥。这辆战车只要一个人镇守,也可以成功的,怎么可以因为负伤而断送国君的大事呢？我们披上铠甲拿起武器，本来就是往死里走；负了伤还没到死呢，您还是要努力啊！”解张左手把缰绳握在一起，右手拽过鼓槌来击鼓。战马狂奔而停不下来，军队跟着主帅的战车冲上去，齐军大败。晋军追逐齐军，绕着华不注山追了三圈。

头天晚上，韩厥梦见他的父亲子舆告诉自己说：“明天早上，乘车要避开左右两边的位置！”所以，他就站在车中间驾车去追赶齐顷公。邴夏对齐顷公说：“射那个驾车的，他是位君子！”齐顷公说：“说他是君子却要射他，这不合于礼呀！”于是射左边的人，左边的人跌到车下；又射右边的人，右边的人倒在车里。这时，綦毋张失去了战车，跟随着韩厥说：“请允许我搭您的车！”他站在车的左边和右边，韩厥都用肘推他，让他站在自己背后。韩厥弯下身来，把车右的尸体放稳当。逢丑父就趁机跟齐顷公交换了位置。快跑到华泉了，齐顷公的骖马被树木绊住而停了下来。头天晚上，逢丑父在棚车里睡觉，一条蛇从下面钻上来，逢丑父用手臂去打它，被蛇咬伤却隐瞒了伤情，所以这时候不能下来推车而被韩厥追上。韩厥拿着一根拴马绳站在齐顷公马前，拜了两拜，叩了头，捧上一杯酒并且加了一块玉璧给齐顷公献上，说：“敝国国君派我们这些臣子来替鲁国和卫国求情，说：‘不要让大军深入您的国土。’我没有好运气，恰好遇上了您的兵车队列，没有地方逃避和躲藏，而且也害怕逃走和躲避会羞辱两国国君。我愧为一个军人，冒昧地向您禀告自己无能，我代理这个职务只是由于人手缺乏而充数罢了！”逢丑父叫齐顷公下车，到华泉去弄点喝的水来。正好郑周父驾了一辆副车，宛茷担任车右，他们就载上齐顷公使他脱离了危险。韩厥把逢丑父抓了献上去。

郤克打算把逢丑父杀掉，逢丑父大叫起来说："到现在为止还没有肯替国君承担灾祸的人，有了一个在这里，还要被杀掉吗？"郤克说："一个人不把用生命换取国君脱险这件事看作是难事，我却杀了他，不吉利。赦免他，用来鼓励那些侍奉君主的人。"于是把逢丑父放了。

齐顷公脱险之后，为了找到逢丑父，多次冲入敌军，多次突出包围。每次突围，齐军都簇拥着顷公往回撤。齐顷公冲入狄军阵地，狄人的步兵都拿出戈和盾来替他遮挡。冲进卫军阵地，卫军也不伤害他。于是齐顷公就从徐关逃回齐国。齐顷公见到守城的人，说："努力啊，齐军打败仗了！"士兵们喝令一个女人让路，这个女人问："国君脱险了吗？"回答说："脱险了！"又问："锐司徒脱险了吗？"回答说："也脱险了！"这个女人就说："如果国君和我的父亲都脱险了，还要怎么样呢？"然后就跑开了。齐侯认为这个女子很有礼貌。事后问她，原来是辟司徒的妻子。就把石窌赏给她作封地。

晋国追逼齐军，从丘舆进入，攻打马陉。齐顷公就派宾媚人用灭纪国得来的甗、玉磬和土地送给各战胜国。齐顷公说："如果还不答应，那就随他们怎么办吧！"宾媚人送上礼物，晋国人不答应，说："一定要拿萧同叔子做人质，而且让齐国境内的田垄全都改成东西向。"宾媚人回答说："萧同叔子不是别人，她是我们国君的母亲。如果按互相对等的地位来说，也就是晋国国君的母亲。您向诸侯发布重大命令，却说一定要以别人的母亲作为人质，您怎样来对待先王的号令呢？况且这样做，就是拿不孝来发号施令了。《诗》上说：'孝子的德行没有止境，永远把自己的孝心感染给同类的人。'假如拿不孝来向诸侯发号施令，岂不是否认把孝德赐给同类了吗？先王给天下划定疆界、区分地理，观察土地所宜，来安排最有利的种植。所以《诗》上说：'划出疆界辨地势，或东或南开田垄。'现在您替诸侯划疆界、辨地势，却说'田垄全部要改成东西向'，只求便利于您的兵车奔跑，不顾地势是否合适，这恐怕不是先王的政令吧？违反先王就不合道义，还凭什么当盟主呢？这么做，晋国确实是有错的。四王之所以能统一天下，是因为能树立恩德并且满足诸侯的共同愿望；五霸之所以能号令诸侯，是因自己辛辛苦苦去安抚他们，使诸侯为天子的命令效劳。现在您希望联合诸侯，是想满足自己无穷无尽的欲望。《诗》上说：'施政宽厚，百福聚凑。'你不肯宽厚，而丢掉百福，各诸侯国有什么损失呢？您如果不答应我们的要求，那么，我们国君嘱咐过我，我就有话可说了：'您统率国君的队伍屈尊来到敝国，敝国以不多兵力，来犒劳您的部下。由于害怕贵君的声威，全军遭到挫败。您惠临为敝国求福，不灭掉我们的国家，让我们继续过去的友好关系，因此先君留下的破旧器物和土地，我们不敢吝惜。您如果还不答应，就请让我们收集残兵，背靠城墙打这最后一仗。敝国侥幸打胜了，也要依从贵国；不幸打败了，怎敢不听您的吩咐呢？'"鲁、卫两国也规劝郤克说："齐国够痛恨我们了。他们战死的，都是齐侯最亲近的人。您如果还不答应，齐国必定更加仇恨我们。即使是您，又还要求什么呢？您得到他们的国宝，我们也收回失地，灾难也解除了，这光彩就够多的了。齐国和晋国也都是天命所归的国家，难道一定只是晋国吗？"晋国人同意了，答复说："臣子们率领兵车来替鲁国和卫国求情。如果有话让我们能回复国君，就是贵君的恩惠了，怎敢不听您的吩咐？"

禽郑从军中去迎接鲁成公到来。

秋季七月，晋军和齐国的宾媚人在爰娄结盟，让齐国人归还我国汶阳的耕地。鲁成公在上鄍会见晋军，把先路的礼车和三命的礼服赐给三位将军，司马、司空、舆师、候正、亚旅这些官员都得到了一命的礼服。

十七、楚归晋知罃

本文选自鲁成公三年(前 588)。晋、楚交换战俘,被囚了十年的知罃获释回国。楚王自以为对知罃有私恩,问他如何报答。三次问话层层进逼,知罃的答话却一一跟楚王的问意相反。他一切从国家的公事说开去,撇开个人恩怨,表明自己跟楚王"无怨无德,不知所报",把楚王的满怀兴致冲得烟消云散。最后,又不卑不亢地说出一番尽忠于晋、尽为臣之道就是报答楚国的道理。言辞得体,正气凛然,把知罃忠君爱国的精神和果敢坚毅的性格表现得淋漓尽致。文章主要部分完全用对话写出,结构紧凑,文笔灵活而跳脱。

晋人归楚公子谷臣与连尹襄老之尸于楚①,以求知罃②。于是荀首佐中军矣③,故楚人许之。

【注释】

① 公子谷臣：楚庄王之子。连尹襄老：连尹是官名，襄老是人名。鲁宣公十二年(前579)，晋楚战于泌，晋荀首俘虏了谷臣，射死了襄老并把他的尸首运回晋国。② 知罃(zhì yīng)：荀首之子，在泌之战中被楚国俘虏。③ 于是：于此时。荀首：知罃之父。佐中军：任中军副帅。

王送知罃，曰："子其怨我乎？"对曰："二国治戎①，臣不才，不胜其任，以为俘馘②。执事不以衅鼓③，使归即戮④，君之惠也。臣实不才，又谁敢怨？"王曰："然则德我乎？"对曰："二国图其社稷，而求纾其民，各惩其忿⑤，以相宥也⑥。两释累囚，以成其好。二国有好，臣不与及⑦，其谁敢德？"王曰："子归，何以报我？"对曰："臣不任受怨⑧，君亦不任受德，无怨无德，不知所报。"王曰："虽然⑨，必告不穀。"对曰："以君之灵，累臣得归骨于晋，寡君之以为戮，死且不朽。若从君之惠而免之，以赐君之外臣首⑩。首其请于寡君而以戮于宗⑪，亦死且不朽。若不获命⑫，而使嗣宗职⑬，次及于事，而帅偏师以修封疆⑭，虽遇执事⑮，其弗敢违。其竭力致死⑯，无有二心，以尽臣礼，所以报也⑰。"王曰："晋未可与争。"重为之礼而归之。

【注释】

① 治戎：治兵，演习军队。这是外交辞令，实际上指

交战。② 馘(guó):本指割下敌人的左耳,用来计数报功。这里俘馘连用,泛指俘虏。③ 衅鼓:取血涂鼓。此指处死。④ 即戮:就戮,接受刑戮。⑤ 惩:戒,克制。⑥ 宥(yòu):宽恕,谅解。⑦ 与及:犹言"相干"。意思说两国友好,都是为了自己的国家,不是为个人,自己与这事不相干。⑧ 任:承受,承当。⑨ 虽:即使。然:这样。⑩ 外臣:外邦之臣。臣子对外国之君称外臣。⑪ 宗:宗庙。戮于宗,指执行家法在宗庙前惩治。⑫ 不获命:不获国君允许杀戮之命。⑬ 宗职:祖上世袭之职。⑭ 偏师:非主力之军。⑮ 执事:办事的官员,实指楚王。⑯ 致死:献出生命。⑰"以尽"二句:知罃的意思是,忠于晋国就是尽了为臣之礼,可以用来报答楚王。

【翻译】

晋国人把楚国公子谷臣和连尹襄老的尸首交还给楚国,要求换回知罃。这时候,荀首已经担任晋国的中军副帅,所以楚国人答应了。

楚共王为知罃送行,说:"您大概恨我吧?"知罃回答说:"两国演习军队,我没有本事,不能胜任职务,因此成了俘虏。您的办事人员不把我拿来取血祭鼓,让我回到晋国去接受刑罚,这是君王的恩德。我确实没有本事,又敢怨谁呢?"楚共王说:"那么,您感激我吗?"知罃回答:"两国都为自己的国家考虑,而想解除人民的痛苦,后来又各自克制了自己的愤怒,因而互相谅解了。双方释放俘虏,用来成全两国的友好关系。两国建立友好关系,我跟这件事不相干,我又感激谁呢?"楚共王说:"您回晋国,拿什么来报答我呢?"知罃回答说:"我承担不起被人怨恨,您也承担不起受人感激。没有怨恨也没有感激,我不知道报答什么?"楚共王说:"就算这样吧,你一定要把你的想法告诉我。"知罃回答:"托您的福,我这个被俘之臣能把这把骨头带回晋国,敝国国君把我杀了,我死也不朽了。要是遵从您的好意而赦免了我,把我交给您的外邦之臣荀首。荀首将会向我们国君请示而在祖庙里对我加以杀戮,我也死而不朽了。如果得不到国君允许杀戮的命令,而让我继承祖上的官职,依次轮到我执掌军务,统率一部分非主力之军来治理边疆,即使遇上您的官员们,也将不敢回避。将会尽心竭力贡献自己的性命,不会有别的想法,向晋君尽为臣之礼,这就是我用来报答您的。"楚共王说:"晋国是不能同它争斗啊!"于是隆重地礼待知罃,并把他送了回去。

十八、吕相绝秦

本文选自鲁成公十三年（前578）。鲁成公十一年（前580），秦桓公和晋厉公约定在令狐会盟，晋君先到，而秦君却不肯渡河，双方只各派了大臣和对方的国君盟誓。秦君回国以后就背弃了盟约，又打算纠集狄人和楚国来攻打晋国，晋国就派了吕相去跟秦国断交。于是就有了这样一篇完整而出色的外交辞令。

文章先从秦、晋两国先世的友好交往说起，然后列举后来历代邦交变化的关键，最后落实到当前秦君背弃盟誓，联合楚、狄以图谋攻晋的罪行，并以“诸侯昵就寡人，寡人帅以听命”相威胁，要秦国掂量一下利害，这才是文章的本意。全篇用笔非常巧妙，讲到秦国对晋国的好处时轻轻带过，尽量缩小；讲到晋国对秦国的恩德时就极力渲染，尽量扩大。讲到自己的过错时就轻轻开脱，讲到对方的过错时就尽量夸大。因而，几乎把历次交恶的责任都推到了对方身上。从内容来说，许多地方并不合乎事实，但写法上轻笔带过和重笔渲染的巧妙结合，无中生有却又说得入情入理，言辞委婉而态度强硬，行文气势磅礴而富于变化，对战国时代游说之士纵横捭阖的言辞技巧有着明显的影响。

夏四月戊午，晋侯使吕相绝秦①，曰：

“昔逮我献公及穆公相好，戮力同心②，申之以盟誓③，重之以昏姻④。天祸晋国，文公如齐，惠公如秦⑤。无禄⑥，献公即世⑦。穆公不忘旧德，俾我惠公用能奉祀于晋⑧。又不能成大勋，而为韩之师⑨。亦悔于厥心⑩，用集我文公⑪。是穆之成也。

【注释】

① 晋侯：晋厉公，景公之子，名州蒲。吕相：晋大夫魏锜之子魏相，因食邑在吕，又称吕相。② 戮力：并力。③ 申：申明。秦穆公和晋献公的盟誓，《春秋》之《传》未见记载。④ 重：加重。昏姻：婚姻。秦穆公的夫人穆姬是晋献公的女儿。⑤“天祸晋国”三句：指晋献公时，骊姬诬陷并逼死太子申生，公子重耳（文公）和夷吾（惠公）流亡国外。两人流亡途经的国家很多，这里只举齐、秦为代表。参见本书《晋骊姬之乱》和《晋公子重耳之亡》。⑥ 无禄：不能食禄，指死去。这里表示“不幸”的意思。⑦ 即世：去世。⑧ 俾：使。用：因而。奉祀：主持祭祀，指立为国君。鲁僖公九年（前651），秦穆公用武力送夷吾（惠公）回晋国为君。⑨ 韩之师：指鲁僖公十五年（前645）秦、晋韩原之战，晋惠公被俘入秦。这次战争的原因是因为晋惠公对秦国忘恩

负义。参见《秦晋韩之战》。⑩ 厥：其。指秦穆公。⑪ 用：因而。集：成全。这句指秦穆公于鲁僖公二十四年（636）护送重耳（文公）回国为君。

“文公躬擐甲胄①，跋履山川②，逾越险阻，征东之诸侯，虞、夏、商、周之胤而朝诸秦③，则亦既报旧德矣④。郑人怒君之疆埸，我文公帅诸侯及秦围郑⑤。秦大夫不询于我寡君，擅及郑盟⑥。诸侯疾之⑦，将致命于秦⑧。文公恐惧，绥静诸侯⑨，秦师克还无害，则是我有大造于西也⑩。

【注释】

① 躬：亲身。擐：穿。② 跋履：跋涉。③ 胤（yìn）：后裔。东方诸国多为虞、夏、商、周的后裔。晋征诸侯而“朝诸秦”的事不见史籍记载。当时或有诸侯朝秦，而晋国故意夸大其事，说是由于文公之力。④ 旧德：指秦纳惠公、文公。⑤“郑人”二句：怒，指侵犯。疆埸（yì），边疆。此句指郑侵秦。秦与郑不相邻接，且秦强郑弱，史无郑侵秦之事。《左传·僖公三十年》记载秦晋围郑，是由于重耳流亡过郑，郑文公对他不加礼待，并没有“文公率诸侯”的事。⑥“秦大夫”二句：指鲁僖公三十年秦、晋围郑，秦穆公答应烛之武的请求而退兵。说成“秦大夫”，是外交辞令。参见《烛之武退秦师》。⑦ 疾：痛恨。⑧ 致命：犹言拼命。⑨ 绥静：安定。⑩ 大造：大功。西：指秦，秦在晋西。

"无禄，文公即世；穆为不吊[①]，蔑死我君，寡我襄公[②]，迭我殽地[③]，奸绝我好[④]，伐我保城[⑤]，殄灭我费滑[⑥]，散离我兄弟[⑦]，挠乱我同盟[⑧]，倾复我国家。我襄公未忘君之旧勋，而惧社稷之陨，是以有殽之师。犹愿赦罪于穆公[⑨]，穆公弗听，而即楚谋我[⑩]。天诱其衷[⑪]，成王陨命，穆公是以不克逞志于我。

【注释】

① 不吊：不善。② 寡：指轻视。③ 迭(yì)：通"轶"，越过，指突然进犯。当时秦过晋是为了袭郑，并非侵晋。参见《秦晋殽之战》。④ 奸绝：断绝。我好：指自己同盟友好的国家。⑤ 保：同"堡"，城堡。⑥ 殄(tiǎn)：灭绝。费(bì)：滑国的都城，在今河南省偃师附近。费滑即滑国。当时秦袭郑未成，灭滑而还。参见《秦晋殽之战》。⑦ 兄弟：兄弟国家。晋和郑、滑都是姬姓国，故称兄弟。⑧ 同盟：同盟国家，指郑、滑。⑨"犹愿"句：还是希望晋国的罪过为穆公谅解。这句是外交辞令。⑩ 即楚：亲近楚国。秦在殽之战中失败，就释放了被囚于秦的楚臣斗克，希望与楚结盟。但第二年楚成王就被太子商臣杀死，结盟未成。所以下文说"不克逞志"。《左传·文公十四年》曾追叙此事。⑪ 天诱其衷：当时的习惯语。诱，开启。衷，内心。"天开其心"，意思相当于今语"老天开眼"。

"穆、襄即世[①]，康、灵即位[②]。康公，我之自出[③]，又欲阙翦我公室[④]，倾覆我社稷，帅我蝥贼[⑤]，以

来荡摇我边疆，我是以有令狐之役。康犹不悛[6]，入我河曲[7]，伐我涑川[8]，俘我王官[9]，翦我羁马[10]，我以是有河曲之战[11]。东道之不通[12]，则是康公绝我好也。

【注释】

① 穆、襄即世：指鲁文公六年（前621），秦穆公和晋襄公去世。② 康、灵：秦康公和晋灵公。③“康公”句：秦康公是穆姬（晋献公的女儿）所生，是晋文公的外甥。④ 阙翦：损害。⑤ 蝥（máo）贼：吃禾的害虫，这里比喻危害国家的公子雍。晋襄公死后，因太子夷皋（即晋灵公）年幼，晋人派士会等到秦国迎立文公之子公子雍，秦国也派了军队护送他回国。后来晋国因为襄公夫人的反对而改变了主意，改立太子，并派兵在令狐把秦军击退。事见鲁文公六年、七年的《左传》。这里说秦国“帅我蝥贼”，是诬枉之词。⑥ 悛（quān）：悔改。⑦ 河曲：晋地，在今山西省永济东南。⑧ 涑（sù）川：水名，在今山西省西南部，至永济流入黄河。⑨ 俘：指劫掠百姓为奴。王官：晋地，在今山西省闻喜县西。⑩ 羁马：晋地，在今山西省永济南。⑪ 河曲之战：在鲁文公十二年（前615）。⑫ 东道：晋在秦东，所以自称东道。不通：指两国断绝关系。

“及君之嗣也[1]，我君景公引领西望曰[2]：‘庶抚我乎[3]！’君亦不惠称盟[4]，利吾有狄难[5]，入我河县[6]，焚我箕、郜[7]，芟夷我农功[8]，虔刘我边垂[9]，我以是有辅氏之聚[10]。君亦悔祸之延，而欲徼福于先君献、穆，

使伯车来命我景公曰[11]：‘吾与女同好弃恶，复修旧德，以追念前勋。’言誓未就，景公即世[12]，我寡君是以有令狐之会[13]。君又不祥[14]，背弃盟誓。白狄及君同州[15]，君之仇雠，而我昏姻也[16]。君来赐命曰：‘吾与女伐狄。’寡君不敢顾昏姻，畏君之威，而受命于吏[17]。君有二心于狄，曰：‘晋将伐女。’狄应且憎，是用告我[18]。楚人恶君之二三其德也[19]，亦来告我曰：‘秦背令狐之盟，而来求盟于我：“昭告昊天上帝、秦三公、楚三王曰[20]：‘余虽与晋出入[21]，余唯利是视[22]。’”不穀恶其无成德，是用宣之，以惩不壹[23]。’诸侯备闻此言，斯是用痛心疾首，昵就寡人[24]。寡人帅以听命[25]，唯好是求。君若惠顾诸侯，矜哀寡人，而赐之盟，则寡人之愿也，其承宁诸侯以退[26]，岂敢徼乱？君若不施大惠，寡人不佞[27]，其不能以诸侯退矣。敢尽布之执事，俾执事实图利之[28]。”

【注释】

① 君：指秦桓公，继共公为君，时在鲁宣公五年（前604）。② 引：伸长。领：脖子。③ 庶：副词，表示希望出现某种情况。④ 称盟：举行盟会。⑤ 狄难：指鲁宣公十五年（前594）晋灭赤狄潞氏。灭狄而称狄难，是歪曲事实，为自己辩解。⑥ 河县：晋国滨河的县邑。⑦ 箕：晋地，在今山西省蒲县东北。郜（gào）：晋地，疑在今山西省浮山县西。⑧ 芟（shān）：割除。夷：伤害。农功：农作物。⑨ 虔（qiǎn）刘：杀戮。边垂：边境，这里指边境之民。垂，陲本字。⑩ 辅氏：晋地，在今陕西省大荔县东。聚：聚众以拒敌，指

战争。⑪ 伯车：秦桓公之子。⑫ 景公即世：事在鲁成公十年(前581)。⑬ 寡君：指晋厉公。令狐之会：参见本篇提示。⑭ 不祥：不善。⑮ 白狄：狄族的一支。及：介词，与。同州：同在古雍州（今陕西、甘肃二省和青海的一部分）。⑯ 昏姻：晋文公与白狄的婚姻关系未见于史传。可能是指白狄伐赤狄廧咎如，获其女季隗而嫁给文公，故称婚姻。参见《晋公子重耳之亡》。⑰ 吏：指秦国传命的使臣。⑱ 是用：因此。⑲ 二三其德：反复无常。⑳ 昭：明。昊(hào)：广大。昊天，犹言皇天。秦三公：秦穆公、康公、共公。楚三王：楚成王、穆王、庄王。㉑ 出入：往来。㉒ 唯利是视："唯视利"的倒装。这是说，秦国只看重利益，并不诚心和晋国交好。㉓ 壹：专一。㉔ 昵就：亲近。㉕ 帅以听命：率领诸侯来听从您的吩咐。这是外交辞令，实际上是以诸侯之兵来要挟秦国。㉖ 承宁：安定。㉗ 不佞(nìng)：不才，当时习用的谦词。㉘ 图：考虑。利之：对秦国有利。

【翻译】

夏季四月五日，晋厉公派遣吕相去跟秦国断绝邦交，说：

"从前，我们献公跟穆公互相友好，合力同心，用订立盟誓来申明关系，用缔结婚姻来加强关系。上天祸害晋国，文公逃奔齐，惠公逃奔秦。不幸，献公逝世，穆公没有忘记往日的恩情，使我们惠公因此能在晋国主持祭祀。可是穆公又不能完成他的大功，而发动了韩原的战争。后来，穆公也从心里感到后悔，因而成全了我们文公。这些都是穆公的成就。

“文公亲自披甲戴盔，跋涉山林川泽，经历艰难险阻，征讨东方的诸侯，虞、夏、商、周等国的后代都来到秦国朝见。这样，也就报答了秦国往日的恩德了。郑国人侵扰您的边疆，我们文公统率诸侯和秦国一起去包围郑国。秦国的大夫却不同我们国君商量，擅自跟郑国缔结了盟约。诸侯都痛恨这种行为，要跟秦国拼命。文公害怕失去秦国的友谊，劝止了诸侯，秦国的军队能回去而没有受到损害，这就是我们对秦国有大恩大德的地方了。

“不幸，文公逝世。穆公不怀好意，蔑视我们已故的国君，看轻我们的襄公，侵袭我们的殽地，断绝我们的友好，攻打我们的城堡，灭绝我们的滑国，离间我们的兄弟，扰乱我们的盟邦，颠覆我们的国家。我们襄公没有忘记秦君以往的功劳，但是害怕国家的倾覆，所以才有了殽地的战争。我们还是希望穆公谅解我们的罪过，穆公不肯答应，反而靠拢楚国来计算我们。上天开眼，楚成王丢了性命，穆公才因此不能在我国实现他的心愿。

“穆公和襄公去世，康公和灵公即位。康公是我们穆姬的亲生，又打算损害我们公室，颠覆我们国家，率领我国的内奸，让他来扰乱我们的边疆，我们因此有令狐的战争。康公还不肯悔改，入侵我们的河曲，攻打我们的涑川，虏掠我们的王官，夺去我们的羁马，我们因此有了河曲的战争。往东的道路不通，正是因为康公断绝了我们的友好关系。

“等到您继承了君位，我们国君景公伸长脖子向西望着，说：‘但愿关照我们吧！’您也不肯开恩给晋国而缔结盟约，利用我们有狄人的祸乱，入侵我们靠河的县邑，焚烧我们的箕、郜两地，割去我们的庄稼，屠杀我们的边民，我们因此有了辅氏的战争。您也后悔战祸的蔓延，因而打算向两位先君献公和穆公求福，就派了伯车来吩咐我们景公说：‘我们和你们互相友好，抛开仇恨，恢复过去的友谊，用以追念从前先君的功绩。’盟誓还没有完成，景公就去世了，我们国君因而有了令狐的盟会。您又不怀好意，背弃了盟誓。白狄跟您同处雍州，您的仇敌，正是我们的姻亲。您前来赐给我们命令，说：‘我们和你们一起攻打狄人。’我们国君不敢顾念婚姻之好，害怕您的威严，而接受了您使臣的命令。您对狄人耍两面手腕，对狄人说：‘晋国将要进攻你们。’狄人一面答应你们的要求，一面又憎恨你们的做法，因此告诉了我们。楚国人也恨您反复无常，也来告知我们说：‘秦国背叛了令狐的盟约，而来向我们要求结盟：“向着皇天上帝、秦国三位先公和楚国三位先王明白祝告说：‘我们虽然跟晋国交往，但是我们只盯着利益。’”我痛恨他们没有坚定的德性，因此把这事揭露出来，以便惩戒那些用心不一的人。’诸侯全都听到了这番话，因而对你们深恶痛绝，前来亲近寡人。现在寡人率领诸侯来听从吩咐，这完全是为了求得友谊。您如果好意顾念各路诸侯，哀怜寡人，而赏给我们盟誓，这就是寡人的心愿了，寡人将安抚诸侯而退走，哪里敢企求祸乱呢？您要是不施行大恩大德，寡人不才，恐怕就不能带领诸侯退回去了。我谨把全部意思都向您的办事人员宣布了，请他们掂量一下怎样才对秦国有利。”

十九、晋楚鄢陵之战

本文选自鲁成公十六年(前575)。鄢陵之战是晋、楚两大国为了争取小国的归附而爆发的又一次争霸战争。本文依照时间顺序,交错地记述了双方作战经过,全文大致可分为五个大段落:一、晋伐郑,并向齐、鲁、卫请求援军;二、写楚、郑诸臣对战争结果的估计,为楚方战败留下伏笔;三、写晋军将领对跟楚国作战有不同的看法,但都相信能战胜楚国;四、从双方互窥虚实写起,中间插入许多"战场花絮",最后,楚王因中军主将酒醉误事而宵遁,晋方侥幸得胜;五、以子重逼子反自杀结束,跟前面郤至"二卿相恶"的话遥相照应。

作者在描写双方生死搏斗的过程中,点缀了许多饶有兴味的"花絮",如晋侯的战车陷入泥淖中;潘党和养由基比赛射甲;吕锜梦射月;楚王赠弓并慰问郤至;韩厥和郤至都故意让郑伯逃脱;栾鍼派人给楚将子重送酒食犒劳,以表现晋军的"好整以暇",等等。这些都构成了鄢陵之战在写法上的特色。

“楚子登巢车以望晋军”，是写得十分精彩的一段。晋军临战之前一片紧张繁忙的军事部署，像战车左右驰骋，召集军官到中军商议，张幕，撤幕，填井平灶，发布军令，战前祈祷等等，作者不直接描写，却让楚王从眼中看出，又借伯州犁的口逐一作出说明。这样写，既可以细致地铺陈场面，又便于逐步推进事件的发展。这种“小说笔法”，可以说是《左传》首创的。

晋侯将伐郑①。范文子曰②：“若逞吾愿，诸侯皆叛，晋可以逞。若唯郑叛，晋国之忧，可立俟也③。”栾武子曰④：“不可以当吾世而失诸侯，必伐郑。”乃兴师。栾书将中军，士燮佐之；郤锜将上军⑤，荀偃佐之⑥；韩厥将下军；郤至佐新军⑦；荀罃居守⑧。

郤犨如卫⑨，遂如齐，皆乞师焉。栾黡来乞师⑩，孟献子曰⑪：“晋有胜矣。”戊寅，晋师起。

【注释】

① 晋侯：晋厉公。② 范文子：士燮。③“若逞”六句：范文子认为，诸侯皆叛，可以引起警戒。如果只有郑国背叛，晋国必可战而胜之，胜则必骄，晋国的危机就会马上来到。逞，满足，实现。俟（sì），等待，等到。④ 栾武子：栾书。⑤ 郤锜：郤克之子。⑥ 荀偃：荀庚之子，字伯游，又称仲行献子。⑦ 郤至：郤克和郤锜的同族，字季子。新军：晋军建制名。成公三年（前588），晋国在原上、中、下三军外

增设新上、中、下三军。以后新三军只余一军，即今“新军”。⑧ 荀罃：荀首之子，即知罃。⑨ 郤犨：郤克的同族兄弟，又称苦成叔。⑩ 栾黡（yǎn）：栾书之子，又称栾桓子。来：来鲁国。⑪ 孟献子：鲁国公族，又称孟孙，仲孙蔑。

郑人闻有晋师，使告于楚，姚句耳与往①。楚子救郑。司马将中军②，令尹将左③，右尹子辛将右④。过申，子反入见申叔时⑤，曰：“师其何如？”对曰：“德、刑、详、义、礼、信⑥，战之器也⑦。德以施惠，刑以正邪，详以事神，义以建利，礼以顺时⑧，信以守物⑨。民生厚而德正，用利而事节，时顺而物成，上下和睦，周旋不逆，求无不具⑩，各知其极⑪。故《诗》曰：‘立我烝民，莫匪尔极⑫。’是以神降之福，时无灾害，民生敦庬⑬，和同以听⑭，莫不尽力以从上命，致死以补其阙⑮，此战之所由克也。今楚内弃其民，而外绝其好；渎齐盟⑯，而食话言；奸时以动⑰，而疲民以逞。民不知信，进退罪也；人恤所底⑱，其谁致死？子其勉之，吾不复见子矣！”姚句耳先归，子驷问焉⑲。对曰：“其行速，过险而不整。速则失志⑳，不整，丧列㉑。志失列丧，将何以战？楚惧不可用也。”

【注释】

① 姚句（gōu）耳：郑大夫。与往：随行，非正式使臣。② 司马：楚官名，位在令尹之下，此处指子反。③ 令尹：楚官名，相当于宰相，此处指子重。④ 右尹：楚官名。子辛：

楚宗室公子壬夫的字。⑤ 申：楚邑，在今河南省南阳市。申叔时：楚大夫，当时告老居申。⑥ 详：通“祥”，诚信。这里特指事奉鬼神应有的态度。⑦ 器：器用，引申为手段。⑧ 顺时：应顺时宜。⑨ 物：泛指一切事物。⑩ 具：充足，完备。⑪ 极：犹言“准则”。⑫“故《诗》曰”三句：引自《诗·周颂·思文》。原诗意思说，周的先王后稷安排众民，无不合其准则。烝，众。极，准则。⑬ 民生：百姓的生计。敦厖（páng）：富足。⑭ 和同：团结一致。听：服从。⑮ 致死：献出生命。阙：指战死者留下的空缺。⑯ 渎（dú）：轻慢，不尊重。齐：同“斋”。斋盟，古时盟誓之前必先斋戒，所以盟誓又称斋盟。渎斋盟，指去年楚国背弃了鲁成公十二年晋、楚两国在宋国缔结的盟约。⑰ 奸：犯。奸时，违反农时，指在四月春耕时用兵。⑱ 恤：忧虑。底（zhǐ）：至。所底，结局，归宿。⑲ 子驷：郑国执政大臣公子骈的字。⑳ 失志：有失考虑。㉑ 丧列：失去行列，指毫无秩序。

五月，晋师渡河。闻楚师将至，范文子欲反，曰：“我伪逃楚[①]，可以纾忧[②]。夫合诸侯，非吾所能也，以遗能者。我若群臣辑睦以事君[③]，多矣。”武子曰：“不可。”

六月，晋、楚遇于鄢陵[④]。范文子不欲战。郤至曰：“韩之战，惠公不振旅[⑤]；箕之役，先轸不反命[⑥]；邲之师，荀伯不复从[⑦]：皆晋之耻也！子亦见先君之事矣，今我辟楚，又益耻也。”文子曰：“吾先君之亟战也[⑧]，有故。秦、狄、齐、楚皆强，不尽力，子孙将弱。今三强服矣，敌，楚而已。惟圣人能外内无患。

自非圣人[9]，外宁必有内忧。盍释楚以为外惧乎？”

【注释】

① 伪：当作“为”，假如。② 纾：缓。纾忧，缓解晋国的忧患。③ 辑睦：团结和睦。④ 鄢陵：郑邑，在今河南省鄢陵县北。⑤ 不振旅：不能整军而归，失败的意思。⑥ 箕：晋邑，在今山西省蒲城县东北。鲁僖公三十三年（前627），晋伐狄，战于箕地，先轸战死。不反命：不能回来复命。⑦ 邲（bì）：郑地，在今河南省郑州市西北。鲁宣公十二年（前597），晋、楚在邲交战，晋军主帅荀林父败逃。不复从：不能再进逼楚军。⑧ 亟（qì）：屡次。⑨ 自：假设连词，如果。

甲午晦[1]，楚晨压晋军而陈。军吏患之。范匄趋进[2]，曰：“塞井夷灶[3]，陈于军中，而疏行首[4]。晋、楚唯天所授，何患焉？”文子执戈逐之，曰：“国之存亡，天也，童子何知焉？”栾书曰：“楚师轻窕[5]，固垒而待之，三日必退。退而击之，必获胜焉。”郤至曰：“楚有六间[6]，不可失也：其二卿相恶[7]；王卒以旧[8]；郑陈而不整；蛮军而不陈[9]；陈不违晦[10]；在陈而嚣[11]，合而加嚣。各顾其后，莫有斗心，旧不必良，以犯天忌[12]，我必克之。”

【注释】

① 晦：每月的最后一天。② 范匄（gài）：范文子士燮之

子,又称范宣子。趋进:快步向前。这是恭敬的表示。③ 夷:平。④ 行首:行道,首,通“道”。疏行首,把行列间的通道疏通。楚军逼近晋军布阵,晋军阵地狭小,必须这样做才便于作战。⑤ 轻窕:即轻佻,轻率浮躁。⑥ 间:间隙,指弱点。⑦ 二卿相恶:指子重和子反不和。⑧ 王卒以旧:楚王的亲兵都用旧家(贵族)子弟。⑨ 蛮:指跟随楚军的南方少数民族军队。⑩ 违晦:避开晦日。古代迷信,认为月底最后一天不宜用兵。⑪ 嚣:喧哗。军中不肃静,则表明无纪律。⑫ 犯天忌:指晦日用兵。

楚子登巢车,以望晋军①。子重使大宰伯州犁侍于王后②。王曰:“骋而左右,何也?”曰③:“召军吏也。”“皆聚于中军矣。”曰:“合谋也。”“张幕矣。”曰:“虔卜于先君也④。”“彻幕矣。”曰:“将发命也。”“甚嚣,且尘上矣。”曰:“将塞井夷灶而为行也。”“皆乘矣,左右执兵而下矣。”曰:“听誓也⑤。”“战乎?”曰:“未可知也。”“乘而左右皆下矣。”曰:“战祷也。”伯州犁以公卒告王。苗贲皇在晋侯之侧⑥,亦以王卒告。皆曰:“国士在,且厚⑦,不可当也。”苗贲皇言于晋侯曰:“楚之良⑧,在其中军王族而已。请分良以击其左右,而三军萃于王卒⑨,必大败之。”公筮之,史曰:“吉。其卦遇《复》䷗⑩,曰:‘南国蹙⑪,射其元王⑫,中厥目⑬。’国蹙、王伤,不败何待?”公从之。

【注释】

① 楚子：楚共王。巢车：一种设有瞭望楼的兵车，用以望远，其形制已不详。② 伯州犁：晋大夫伯宗之子，鲁成公十五年，伯宗为郤锜等所杀，伯州犁逃到楚国，当了大宰。③ 曰：主语是伯州犁。以下若干句引语，未加“曰”字的是楚共王说的话，加“曰”字的是伯州犁的答语。④ 虔：恭敬。古代行军，都载了上代先君的神主同行。这句说，晋人向先君神主敬卜胜负。⑤ 誓：指对军队宣布命令。⑥ 苗贲（bēn）皇：楚令尹斗椒之子。鲁宣公四年（前 605），楚共王杀斗椒，苗贲皇逃奔晋国。⑦ 国士：国中精选的武士。厚：指人数众多。⑧ 良：指精兵。⑨ 三军：当作“四军”，指晋国上、中、下军和新军。《左传·襄公二十六年》记蔡声子追述苗贲皇的话也作“吾乃四萃于其王族”。因籀文“四”作“亖”，形与“三”近而误。萃：集中。⑩《复》：《周易》的卦名。⑪ 南国：指楚国。蹙（cù）：窘迫。⑫ 元王：元首。⑬ 厥：其。以上三句是记录占卜结果的卦辞。

有淖于前①，乃皆左右相违于淖②。步毅御晋厉公③，栾鍼为右④。彭名御楚共王⑤，潘党为右⑥。石首御郑成公⑦，唐苟为右⑧。栾、范以其族夹公行⑨，陷于淖。栾书将载晋侯。鍼曰：“书退！国有大任⑩，焉得专之⑪？且侵官，冒也；失官⑫，慢也；离局⑬，奸也。有三罪焉，不可犯也。”乃掀公以出于淖。

【注释】

① 淖(nào):泥沼。② 违:避开。③ 步毅:即郤毅,郤至之弟。④ 栾鍼:栾书之子,栾黡之弟。⑤ 彭名:楚大夫。⑥ 潘党:潘尫之子,一名叔党。⑦ 石首:郑臣。⑧ 唐苟:郑臣。⑨ 族:家兵,由其宗族成员和私属人员组成。⑩ 大任:指栾书担任的中军帅的职务。⑪ 专之:包揽其他事务,这里指替代栾鍼车右的职责。⑫ 失官:玩忽职守,指栾书擅离中军帅的岗位而载晋侯。⑬ 离局:离开部属。

癸巳[①],潘尫之党与养由基蹲甲而射之[②],彻七札焉[③]。以示王,曰:“君有二臣如此,何忧于战?”王怒曰:“大辱国[④]!诘朝尔射,死艺!”吕锜梦射月[⑤],中之,退入于泥。占之,曰:“姬姓,日也;异姓,月也,必楚王也。射而中之,退入于泥,亦必死矣。”及战,射共王中目。王召养由基,与之两矢,使射吕锜,中项,伏弢[⑥]。以一矢复命。

【注释】

① 癸巳:甲午的前一天。上文已叙述到“甲午晦”,这是追叙“甲午”前一天的事。② 潘尫之党:潘尫之子潘党。养由基:楚大夫,以善射知名。蹲:堆叠。③ 彻:穿。七札:七层甲。④ 大辱国:训斥他们自恃勇力,不讲智谋。⑤ 吕锜:晋大夫魏锜,吕相之父。⑥ 弢(tāo):弓袋。

郤至三遇楚子之卒，见楚子，必下，免胄而趋风①。楚子使工尹襄问之以弓②，曰："方事之殷也③，有韎韦之跗注④，君子也。识见不穀而趋⑤，无乃伤乎？"郤至见客，免胄承命，曰："君之外臣至从寡君之戎事⑥，以君之灵，间蒙甲胄⑦，不敢拜命⑧。敢告不宁⑨，君命之辱。为事之故，敢肃使者⑩。"三肃使者而退。

【注释】

① 胄(zhòu)：头盔。趋风：急走，表示恭敬。② 工尹襄：工尹是官名，襄是人名。问：问好，古代问好也同时赠送礼物以表示情意。③ 事：战事。殷：盛，指战斗激烈。④ 韎(mèi)：浅红色。韦：熟牛皮。跗(fū)注：一种长至脚背的紧身军裤。跗，脚背。注，属。⑤ 识：通"适"，刚才。⑥ 外臣：外邦之臣，郤至对楚王自称。⑦ 间：参与。蒙：披上。⑧ 不敢拜命：不敢下拜接受君王的赐命。古代披甲之士不拜。⑨ 不宁：不安。⑩ 肃使者：向使者行肃拜之礼。肃拜，类似现在的深揖。

晋韩厥从郑伯，其御杜溷罗曰①："速从之！其御屡顾，不在马，可及也。"韩厥曰："不可以再辱国君②。"乃止。郤至从郑伯，其右茀翰胡曰："谍辂之③，余从之乘，而俘以下。"郤至曰："伤国君有刑。"亦止。石首曰："卫懿公唯不去其旗，是以败于荧④。"乃内旌于弢中⑤。唐苟谓石首曰："子在君侧，败者壹大⑥。我不如子，子以君免，我请止。"

乃死。

【注释】

① 杜溷(hùn)罗:韩厥的驾车人。② 再辱国君:鲁成公二年鞌之战,韩厥曾经追及齐顷公,如果再追及郑伯,就是再辱国君。③ 谍:轻兵。辂(yà):通“迓”,迎,指迎面拦住。④“卫懿公”二句:鲁闵公二年(前660),卫与狄在荧泽交战,卫国战败,卫献公不撤去旗帜而死于此役。荧即荧泽。⑤ 内:同“纳”,收藏。⑥ 壹:专一。大:指郑君。

楚师薄于险[1],叔山冉谓养由基曰[2]:“虽君有命[3],为国故,子必射。”乃射,再发[4],尽殪[5]。叔山冉搏人以投,中车,折轼。晋师乃止,囚楚公子茷。

【注释】

① 薄:迫近。② 叔山冉:姓叔山,名冉,楚国勇士。③ 君有命:指楚共王责备他“尔射,死艺”的话。④ 再发:两次发射。⑤ 殪(yì):死。

栾鍼见子重之旌,请曰:“楚人谓夫旌[1],子重之麾也[2],彼其子重也。日臣之使于楚也[3],子重问晋国之勇,臣对曰:‘好以众整[4]。’曰:‘又何如?’臣对曰:‘好以暇[5]。’今两国治戎,行人不使[6],不可谓整;临事而食言,不可谓暇。请摄饮焉[7]。”公许之,使行人执榼承饮[8]，造于子重[9]，曰："寡君乏使，使鍼御持矛[10]，是以不得犒从者，使某摄饮[11]。"子重曰："夫子尝与吾言于楚[12]，必是故也。不亦识乎[13]？"受而饮之，免使者而复鼓。旦而战，见星未已[14]。

【注释】

① 楚人：指被俘的楚兵。夫(fú)：那。旌：旗。② 麾(huī)：指挥作战用的旗子，帅旗。③ 日：往日。④ 众：军队。整：整肃。⑤ 暇：闲暇，指从容不迫。⑥ 行人：使者。⑦ 摄饮(yìn)：代替自己请人喝酒。摄，代理。饮，使人喝。⑧ 榼(kē)：盛酒器。承饮：捧着酒。⑨ 造：至，到。⑩ 御持矛：拿着矛在身边侍候，指担任车右。御，侍奉。⑪ 某：送酒人自称。⑫ 夫子：指栾鍼。⑬ 识：记，指记性好。⑭ 见(xiàn)：现出。

子反命军吏察夷伤[1]，补卒乘，缮甲兵，展车马[2]，鸡鸣而食，唯命是听。晋人患之。苗贲皇徇曰："蒐乘、补卒、秣马、利兵、修陈、固列、蓐食、申祷[3]，明日复战。"乃逸楚囚[4]。王闻之，召子反谋。谷阳竖献饮于子反[5]，子反醉而不能见。王曰："天败楚也夫！余不可以待。"乃宵遁[6]。

【注释】

① 夷：伤。② 展：陈列，这里指陈列出来以便检阅。③ 蒐：检阅，查点。蓐(rù)：厚。蓐食，饱餐。申祷：重申祷

告，祈求胜利。④ 逸楚囚：放跑楚国俘虏，有意让他们回去报信。⑤ 谷阳竖：子反的侍役。⑥ 遁（dùn）：逃。

晋入楚军，三日谷[①]。范文子立于戎马之前[②]，曰："君幼，诸臣不佞，何以及此？君其戒之[③]！《周书》曰：'惟命不于常[④]。'有德之谓。"

楚师还，及瑕[⑤]，王使谓子反曰："先大夫之覆师徒者[⑥]，君不在。子无以为过，不穀之罪也。"子反再拜稽首曰："君赐臣死，死且不朽。臣之卒实奔，臣之罪也。"子重使谓子反曰："初陨师徒者[⑦]，而亦闻之矣，盍图之！"对曰："虽微先大夫有之[⑧]，大夫命侧[⑨]，侧敢不义？侧亡君师，敢忘其死？"王使止之，弗及而卒。

【注释】

① 谷：取粮而食。② 戎马：驾车的战马。③ 戒：警惕。④《周书》：《尚书》中关于周代的部分。这里的引文见《尚书·康诰》。⑤ 瑕：随国地名，在今湖北省随州境内。⑥ 先大夫：指子玉。覆师徒：使军队覆没，指城濮之战中子玉战败。者：助词。用在复合句的前一分句之末句提示现象或结果，下句解析原因。楚王这几句话的意思是：当初子玉兵败，是因为国君不在军中，所以子玉应负失败之责。这次国君亲自出征，您就不必认为自己有罪，这是我的罪过。⑦ 初陨师徒者：指子玉。⑧ 微：没有。⑨ 侧：公子侧，即子反。

【翻译】

晋厉公将要攻打郑国。范文子说："如果实现了我们的愿望，诸侯都背叛晋国，晋国就可以这样做。要是只有郑国背叛，那么，晋国的忧患就会立即来到。"栾书说："总不能在我们当政的时候而失去诸侯，一定要讨伐郑国。"于是出动军队。栾书统率中军，士燮辅佐他；郤锜统率上军，荀偃辅佐他；韩厥统率下军；郤至担任新军副帅；荀罃在国内留守。

郤犨到卫国，然后又到齐国，都向他们请求出兵。栾黡来到鲁国请求出兵，孟献子说："晋国有打胜的希望了。"四月十二日，晋国军队就出发了。

郑国人听说有晋国军队，就派使者告诉楚国，姚句耳也随使者前往。楚共王领兵救援郑国。司马子反统率中军，令尹子重统率左军，右尹子辛统率右军。经过申的时候，子反进去拜访申叔时，问道："这次出兵将有什么样的结果？"申叔时回答说："德行，刑罚，诚意，道义，礼节，信用，这些都是作战的手段。德行用来实施恩惠，刑罚用来纠正邪恶，诚意用来事奉神明，道义用来确立利益，礼节用来顺应时宜，信用用来保持事物。这样，百姓生活富裕而道德端正，用得其利而行事有节制，顺时而动并且百物丰足，上下和睦，举动顺理，所求无不满足，人人都懂应守的准则。所以《诗》上说：'先王安排百姓，无人不合准则。'因此，神灵施降福泽，四季不生灾害，百姓生活丰足，团结一心而听从指挥，没有人不尽心竭力服从上司的命令，没有人不愿牺牲性命去填补战死者的空缺，这些都是战争取得胜利的原因。现在楚国在国内抛弃了他的人民，在国外断绝了友好国家的邦交;不尊重盟约,而自食其言;违反农时来进行战争,让百姓受苦来满足自己愿望。老百姓不知道信守什么,或进或退都可能获罪;人人担心自己的下场,还有谁拼力死战呢?您努力吧,我不能再见到您啦!”姚句耳先从楚国回来,子驷向他打听。姚句耳回答说:“楚国行军急速,通过险地时军容不整。行动急速就会失去思考,军容不整就毫无纪律。考虑不周,纪律紊乱,还凭什么来作战?楚国恐怕不能借重了。”

五月,晋国军队渡过黄河。听说楚兵就要到了,士燮打算退回晋国。说:“我们如果避开楚军,可以缓和国家的忧患。至于会合诸侯这件事,不是我们所能做得到的,留给能干的人去做吧。我们如果团结和睦来侍奉国君,这就足够了!”栾书说:“不能这样做!”

六月,晋军和楚军在鄢陵相遇。士燮不想打。郤至说:“从前韩原那一仗,惠公不能整师而还;箕地那次战役,先轸不能回来复命;邲地那次出兵,荀伯不能再进迫楚军:这些都是晋国的耻辱啊!您也见过这些先君时候的战事了,现在我们躲避楚军,是又加上一层耻辱了。”士燮说:“我们先君屡次作战,这是有原因的。秦、狄、齐、楚都是强国,我们如果不尽力,子孙就要被削弱。现在那三个强国都已经顺服了,敌国只是一个楚国罢了。只有圣人能做到外部和内部都不存在忧患。假如不是圣人,外面安宁就必定会有内部的忧患。为什么不放过楚国,让它作为外部的戒惧呢?”

六月二十九日,月尾那一天,楚军一大早就逼近晋军营垒摆下阵势。晋军军吏感到害怕。范匄快步走上前来说:“把井填了,把灶铲平,在军营中布阵,再把队伍之间的行道疏通。晋、楚都是天意所归的国家，怕什么呢？”士燮拿起戈来追赶他，说：“国家的存亡，是上天决定的，小孩儿家懂得什么？”栾书说：“楚军轻率浮躁，我们坚守营垒来等着他，三天之后楚军肯定退走。退走再来打它，一定会取得胜利的！”郤至说：“楚国有六个弱点，我们不要放过了：他们的两位执政大臣彼此不和；楚王率领的亲兵都用贵族子弟；郑军虽然布了阵，但是军容不整；南蛮虽能成军，但是不能布阵；布阵不避开月尾这一天；士兵在阵中吵吵闹闹，遇上敌人就会吵闹得更厉害。各军只注意自己的退路，没有战斗的决心，贵族子弟也未必是精兵，月终用兵又触犯了天忌，我们肯定能打败他们。”

楚共王登上巢车，瞭望晋军的动静。子重让太宰伯州犁在共王身后陪着。共王问：“有人驾着兵车左右奔跑，这是怎么回事？”伯州犁回答说：“召集军官。”“军官们都到中军集合了。”回答说：“这是开会商量。”“搭起帐幕了。”回答说：“这是恭恭敬敬地向先君问卜。”“撤掉帐幕了！”回答说：“这是准备发布命令。”“非常喧闹，而且尘土扬起来了！”回答说：“这是准备填井平灶，用来排开队列。”“都上了战车，左右两边的又拿着武器下来了。”回答说：“这是听取作战命令。”“要开战了吗？”回答说：“还不能断定。”“上了战车，左右两边的人又都下来了。”回答说：“这是作战之前向鬼神祷告。”伯州犁把晋侯亲兵所在也告诉了楚共王。苗贲皇在晋厉公的身边，也把楚共王的亲兵所在告诉了厉公。厉公的左右都说：“楚国最优秀的武士都在中军，而且人数众多，不可抵挡。”苗贲皇对晋厉公说：“楚国的精锐，只是集中在中军楚王的亲兵里罢了。请分出精兵来攻击楚国的左右两军，而晋国四军集中对付楚王的亲兵，一定能把他们打得大败。”晋厉公用筮草占卜，卜官说：“吉利。得的是《复》卦，卦辞说：‘南国局促，射其元首，中其目。’国家局促，元首负伤，不吃败仗还等待什么？”晋厉公听从了他的话。

有一个泥沼在晋国军营前边，于是大家都从左右两侧避开泥沼。步毅替晋厉公驾车，栾鍼担任车右。彭名替楚共王驾车，潘党担任车右。石首替郑成公驾车，唐苟担任车右。栾、范带着他们的家兵从左右两边护着厉公往前走，晋厉公的兵车陷进了泥沼。栾书想用自己的车载晋厉公。栾鍼说：“栾书走开！国家有重任，你怎么能包揽这些事呢？况且侵夺别人的职责，这是冒犯行为；玩忽职守，这是怠慢行为；离开部属，这是犯罪行为。有三条罪状在这里，这都是触犯不得的。”于是栾鍼就掀起厉公的兵车出了泥沼。

六月二十八日，潘尫的儿子潘党和养由基叠起铠甲用箭来射，一箭就射穿了七层甲。他们拿给楚共王看，并且说：“君王有两个臣子这么有本事，还担心打仗吗？”共王很生气说：“太给国家丢脸了！明天早晨你们如果射箭，就要死在你们的本领上！”晋国的吕锜梦见射月亮，射中了，退下来却陷进淤泥中。请人占卜这事，卜官告诉他说：“姬姓，是太阳；异姓，是月亮，月亮一定是楚王了。你射中了月亮，却退进了淤泥中，也一定要死的。”到打仗的时候，吕锜射中了楚共王眼睛。共王召来养由基，给了他两支箭，要他射吕锜，一箭就射中了吕锜的脖子，吕锜趴在弓袋上死了。养由基就拿了剩下的一支箭回去报告。

郤至三次遇上楚王率领的亲兵，他每见到楚王，都一定下车，脱了头盔快步走过。楚王派了工尹襄拿了一张弓向他问好，并说："正当战斗紧张的时候，有一位穿着浅红色牛皮紧身长裤的人，是位君子啊。刚看到我就快步跑过去了，不是受了伤吧？"郤至见到来客，就脱去头盔接受楚王的赐命，说："贵君的外邦之臣郤至跟随寡君作战，托贵君的福，我加入了披盔带甲的队伍，不敢行下拜之礼接受贵君的赏赐。我冒昧地报告贵君我的不安，辱承君王的慰问了。因为有战事的缘故，谨向使者行个深揖。"郤至对使者行了三个揖礼就退走了。

晋国的韩厥追赶郑成公，他的驾车人杜溷罗说："快追他！他的车夫好几次回过头来看，心不在马上，能追上。"韩厥说："我不能第二次羞辱国君了。"于是就停了下来。郤至又来追郑成公，他的车右茀翰胡说："派出轻兵抄小路迎面拦住他，我从后面跳上他的兵车，把他逮下来。"郤至说："伤害国君要受刑罚的。"也停下不追了。石首对郑成公说："当年卫懿公就因为没有撤去自己的旗子，所以在荧泽吃了败仗。"于是就把郑成公的旗子藏入弓袋里。唐苟对石首说："您在国君身边，败阵之军应当一心一意保护国君。我比不上您，您护着国君脱险，我请求留在这儿抵挡敌人。"唐苟终于战死了。

楚军迫近了险地，叔山冉就对养由基说："虽然国君有令，不让你逞能射箭，为了国家的缘故，您一定要射。"养由基就射了起来，两次射箭，都射死了敌人。叔山冉抓起一个人向晋军掷去，掷中了兵车，撞折了车前的横木。晋军才停止追赶，而把楚国的公子茷活捉了去。

栾鍼望见了子重的旗子，向晋厉公报告说："楚国人说那面旗子，就是子重的帅旗，那个人大概就是子重了。往日我出使楚国，子重问我晋国的勇武怎样表现。我回答说:'喜欢军容整肃。'又问:'还有什么?'我回答说:'喜欢从容不迫。'现在两国交兵,不派一个使节,不能说是整肃;事到临头而违反前言,不能说是从容。请派个人代我向子重献酒。"晋厉公答应了他的要求,派了个使者拿着酒器捧着酒,走到子重跟前,说:"我们国君因为缺少使唤的人,叫栾鍼拿着矛在身边侍候,因此不能来犒劳您的部属,让我代替他敬酒。"子重说:"这位老先生曾经在楚国跟我说过喜欢整肃和从容,一定是这意思了。他不是记性太好了吗?"子重接过酒来喝了,让使者走了再继续击鼓。一大早就交战,直到现出星星的时候还没有结束。

子反命令军官们检查伤情,补充步卒车兵,修理盔甲武器,陈列兵车和马匹,鸡叫就吃饭,一切听从命令。晋国人犯愁了。苗贲皇就传令说:"查点战车,补充兵员,喂饲马匹,磨快武器,整饰军容,巩固队列,大吃一餐,重新祷祝,明天再打一仗。"还故意放跑楚国的战俘。楚共王知道了这些情况,就召子反来商议。刚好谷阳竖送酒给子反喝,子反喝醉了不能进见楚王。楚王说:"这是老天爷让楚国失败啊!我不能等着。"于是就连夜逃跑了。

晋军开进了楚国兵营,拿楚国丢弃的军粮吃了三天。士燮站在晋厉公驾车的战马前面说:"君王还年轻,我们这些臣子也不才,靠什么获得这样的胜利呢?君王还是要警惕啊!《周书》说:'天命不是永远不变的。'这是说有德的人才能享有天命。"

楚军往回撤,来到瑕地。楚共王派人对子反说:"从前先大夫断送了军队,那是因为当时国君不在军中。您不要把这次战败看成自己的过失,这是我的罪过。"子反两次下拜叩头,说:"君王赏我一死,我死也不朽了。我的士兵确实败逃了,这是我的罪过。"子重却派人告诉子反说:"当初损兵折将的人,您也听说过他的下场了,为什么不考虑一下呢?"子反回答说:"就算没有先大夫自杀谢罪的事,大夫你吩咐我,我怎么敢贪生而不顾信义呢?我断送了国君的军队,怎么敢忘记自己的死罪?"楚共王派人去制止他,还没有赶到,子反就自杀了。

二十、晋祁奚举贤

本文选自鲁襄公三年(前 570)。祁奚出自公心,举人唯贤,成为后人广泛传诵的佳话。《吕氏春秋·去私篇》把祁奚举贤和尧舜禅让相提并论,称赞祁奚“外举不避仇,内举不避子”,“可谓公矣”。这则故事,在今天对我们还有一定的教育意义。

祁奚请老①,晋侯问嗣焉②。称解狐③——其仇也。将立之而卒。又问焉。对曰:“午也可④。”于是羊舌职死矣⑤,晋侯曰:“孰可以代之⑥?”对曰:“赤也可⑦。”于是使祁午为中军尉⑧,羊舌赤佐之⑨。

【注释】

① 祁奚:字黄羊,三年前任晋中军尉。② 晋侯:晋悼公。嗣:接替祁奚职务的人。③ 称(chēng):推举。④ 午:祁午,祁奚之子。⑤ 于是:在这时候。羊舌职:姓羊舌,名

职，当时任中军佐。晋贤臣叔向之父。⑥ 孰：谁。⑦ 赤：羊舌赤，字伯华，羊舌职之子。⑧ 中军尉：中军的军尉，掌军政，战时担任主将的御者。⑨ 佐：辅佐。佐之，指任中军佐。

君子谓祁奚于是能举善矣①。称其仇，不为谄②；立其子，不为比③；举其偏④，不为党⑤。《商书》曰："无偏无党，王道荡荡⑥。"其祁奚之谓矣。解狐得举，祁午得位，伯华得官；建一官而三物成，能举善也。夫唯善，故能举其类。《诗》云："惟其有之，是以似之⑦。"祁奚有焉。

【注释】

① 君子：有道德或有名位的人。于是：于此，在这件事上。举：荐举。善：指贤人。② 谄（chǎn）：谄媚，讨好。③ 比：偏袒，偏私。④ 偏：直属的副职。⑤ 党：勾结。⑥《商书》：《尚书》中有关商代的部分。这里引的两句见于《尚书·洪范》。王道，古人设想中的以仁义治天下的一种政治。荡荡，平坦广大的样子。这里指公正无私。⑦《诗》：指《诗经》，这里引的两句见于《诗·小雅·裳裳者华》。

【翻译】

祁奚请求退休，晋悼公向他询问接替他职务的人选。祁奚推举解狐——解狐是他的对头。正要立解狐，解狐死了。晋悼公又问他，祁奚回答说："祁午能行。"正在这个时候羊舌职死了，晋悼公问："谁可以接替他？"祁奚回答说："羊舌赤能行。"于是就让祁午做了中军尉，羊舌职辅助他。

君子认为祁奚在这件事情上能够推举贤人。推举他的对头，而不是巴结；任命他的儿子，而不是偏袒；荐举他的副手，而不是勾结。《商书》说："不偏私来不结党，帝王之道坦荡荡。"恐怕就是说的祁奚这样的人了。解狐得到荐举，祁午得到职务，羊舌赤得到官位：立了一个中军尉而三件好事都成全了，正是由于他能荐举贤人啊。正因为他是贤人，所以能荐举跟自己一样的人。《诗》上说："因为他有美德，所以荐举的人像他。"祁奚就有这种美德。

二十一、师旷论卫人出其君

本文选自鲁襄公十四年(前559)。卫国人驱逐了暴虐无道的卫献公,师旷对此发表了一番议论。他认为上天设立国君来治理百姓,国君就应该赏善惩恶,爱民如子,犯了过错要听取公卿大夫以至庶民、商旅和百工的意见。如果国君残害百姓,放纵邪恶,百姓就可以赶走他。师旷的话,虽然还不能摆脱天命和鬼神的思想,但在君民关系上,他更强调了民的权利和作用,给君主敲了警钟。春秋时代,具有这种民本思想是难能可贵的。可以说,这是大约二百年后孟子"民贵君轻"的民本主义的先导。

师旷侍于晋侯①。晋侯曰:"卫人出其君②,不亦甚乎?"对曰:"或者其君实甚。良君将赏善而刑淫,养民如子,盖之如天,容之如地;民奉其君,爱之如父母,仰之如日月,敬之如神明,畏之如雷霆,其可出乎?

夫君③，神之主而民之望也。若困民之主④，匮神之祀⑤，百姓绝望，社稷无主，将安用之？弗去何为？天生民而立之君，使司牧之⑥，勿使失性。有君而为之贰⑦，使师保之⑧，勿使过度。是故天子有公⑨，诸侯有卿⑩，卿置侧室⑪，大夫有贰宗⑫，士有朋友⑬，庶人、工、商、皂、隶、牧、圉皆有亲昵⑭，以相辅佐也。善则赏之⑮，过则匡之，患则救之，失则革之⑯。自王以下各有父子兄弟以补察其政。史为书⑰，瞽为诗⑱，工诵箴谏⑲，大夫规诲⑳，士传言㉑，庶人谤㉒，商旅于市㉓，百工献艺㉔。故《夏书》曰㉕：'遒人以木铎徇于路㉖，官师相规㉗，工执艺事以谏。'正月孟春㉘，于是乎有之㉙，谏失常也㉚。天之爱民甚矣，岂其使一人肆于民上㉛，以从其淫而弃天地之性㉜？必不然矣。"

【注释】

① 师旷：晋国的乐师，字子野。晋侯：晋悼公。② 卫人出其君：卫献公暴虐无道，被国人驱逐。事见本年《左传》。③ 夫(fú)：助词，用于叙述或议论的开头。④ 主：当为"生"，形近而误。⑤ 匮神之祀：匮，乏。之，原作"乏"，从《释文》改"之"。⑥ 司牧：治理。牧，本指放养牲畜，引申为治理百姓。司、牧同义。⑦ 贰：辅佐大臣。⑧ 师保：本指教育、辅导太子的师傅，这里用作动词，意为教导保护。⑨ 公：天子以下最高一等的爵位。⑩ 卿：诸侯的执政大臣。⑪ 侧室：官名，由宗族中的支庶子弟担任。⑫ 大夫：比卿低一等的爵位。贰宗：官名，由大夫的宗族子弟担任。⑬ 士：大夫以下、庶民以上的人。朋友：指志同道合的人。

⑭ 皂(zào)、隶:都是奴隶中的一个等级。牧:养牛人。圉:牧马人。⑮ 赏:赞扬。⑯ 革:改。⑰ 史:太史。为书:记载国君的言行。⑱ 瞽(gǔ):盲人。古代以盲人为乐师,所以乐师也称瞽。为诗:用诗讽谏。⑲ 工:乐工。诵:唱或诵读。箴(zhēn)谏:用来规劝讽谏的文辞。⑳ 规:规正。诲:开导。㉑ 传言:杜预注:“士卑,不得径达,闻君过失,传告大夫。”㉒ 谤:公开议论。庶人不能直接进谏,只能公开议论而让君主间接知道。㉓ 商旅:商人。商与旅同义连用。㉔ 百工:各种工匠。献艺:各就所从事的职业提出意见,即下文所说“工执艺事以谏”。㉕《夏书》:逸书,下面的引文被采入伪古文《尚书·胤征》。㉖ 遒(qiú)人:宣令之官。木铎:木舌的铜铃。徇:巡行宣令。㉗ 官师:官员。㉘ 孟:每季第一个月。孟春,初春。㉙ 于是乎有之:指在这时候才有遒人宣令的事。㉚ 失常:失去常规。㉛ 肆:放肆,胡作非为。㉜ 从(zòng):放纵。

【翻译】

师旷在晋悼公身边侍候。晋悼公说:“卫国人撵走了他们的国君,这不是太过火了吗?”师旷回答说:“也许是他们的国君确实太过火了。贤明的国君要奖励好人而处罚恶人,像养育儿女一样养育百姓,像天空那样遮盖他们,像大地那样容纳他们;老百姓侍奉他们的国君,像对父母那样热爱,像对日月那样钦仰,像对神明那样尊敬,像对雷霆那样畏惧,难道能撵走他吗?国君,是神明的主祭者,是民众仰望的人。如果让民众的生计困窘,神明的祭祀缺乏,老百姓绝望,国家失去主持,哪里还用得着他?不撵走他干吗？上天生下老百姓并且替他们立了国君，让国君治理他们，不让他们失去本性。有了国君又再替他安排了辅佐的人，让这些人开导他、保护他，不让他出了格。所以天子有公，诸侯有卿，卿设置侧室，大夫有贰宗，士有志同道合的人，平民、工匠、商人、奴仆、牛倌和马倌都有他们的亲近的人，以便互相帮助。做了好事就赞扬，犯了错误就纠正，有了灾难就救援，出了差错就改掉。从天子以下，各自都有父兄子弟来考察弥补他行事的得失。国君有了过失，太史加以记载，乐师写成讽谏的诗歌、乐工唱诵规谏的文辞，大夫规劝开导，士向大夫传话，百姓公开批评，商人在市场上议论，各种工匠都各就自己从事的技艺来进言。所以《夏书》说：'宣令官摇着木舌铜铃沿路宣告，官员们进行规谏，工匠们各就其事发表意见。'每年正月初春，在这个时候就有了宣令官沿路宣令的事，这是为了规谏君主失去的常规。上天是非常爱护百姓的，难道能让一个人在百姓头上胡作非为、放纵淫乱而背弃天地爱民的本性吗？肯定不是这样的。”

二十二、伯州犁问囚

本文选自鲁襄公二十六年(前 547)。这个短篇很像一幅线条简练而形象生动的速写画，把伯州犁的狡黠，皇颉的乖巧，公子围的贪功，穿封戌的气愤，表现得形神毕肖，“上下其手”这句形容串通作弊的成语也因而流传至今。

楚子、秦人侵吴，及雩娄①，闻吴有备而还。遂侵郑。五月，至于城麇②。郑皇颉戍之，出，与楚师战，败。穿封戌囚皇颉，公子围与之争之③，正于伯州犁④。伯州犁曰：“请问于囚。”乃立囚。伯州犁曰：“所争，君子也⑤，其何不知？”上其手⑥，曰：“夫子为王子围，寡君之贵介弟也⑦。”下其手⑧，曰：“此子为穿封戌，方城外之县尹也⑨。谁获子？”囚曰：“颉遇王子，弱焉⑩。”戌怒，抽戈逐王子围，弗及，楚师以皇颉归。

【注释】

① 雩(yú)娄：楚地，在今河南省商城县东。② 城麇(jūn)：今地未详。③ 公子围：楚共王之子，名围。④ 正：就正，请人评判。伯州犁：晋大夫伯宗之子，鲁成公十五年，伯宗被郤锜等杀害，伯州犁逃到楚国，当了大宰。⑤ 君子：称俘虏为君子，是有所暗示。⑥ 上其手：高举其手，指向公子围。⑦ 贵介：尊贵。⑧ 下其手：手向下，指向穿封戌。⑨ 县尹：县的长官。⑩ 弱：战而不胜。指被王子围所俘。

【翻译】

楚康王和秦国人去攻打吴国，到了雩娄，听说吴国有了防备就退了回去。于是又去攻打郑国，五月里，来到城麇。郑国的皇颉在城麇驻守，出城跟楚军交战，打了败仗。穿封戌俘虏了皇颉。公子围跟穿封戌争这个俘虏，就请伯州犁据实评判。伯州犁说："让我问问这个俘虏吧。"于是让俘虏站着。伯州犁问："我们争论的，是您这位君子，难道不明白？"然后高举着手说："这一位是王子围，我们国君尊贵的弟弟。"又用手向下指着说："这人叫穿封戌，是方城之外的一个县官儿。是谁抓到您的？"俘虏说："我遇上王子，打不过他。"穿封戌气极了，抽出戈来就去追王子围，没能追上。楚国人就把皇颉带了回去。

二十三、蔡声子论晋用楚材

本文选自鲁襄公二十六年(前 547)。蔡声子为了劝说楚令尹子木让被逼逃亡的伍举回到楚国,精心构撰了这篇咄咄逼人而又发人深省的说辞。

这篇说辞把以宾衬主的手法发挥得淋漓尽致。开头先用“虽楚有材,晋实用之”一句概括全篇,并说了一番“善为国者,赏不僭而刑不滥”的道理。接着便平列四段,分写四个楚国逃死大夫如何得到晋国重用,帮助晋国打败楚国,夺走了楚的盟国,危害了楚的利益,破坏了楚的霸业。声子先把这四个人对楚国的损害讲得惊心动魄。逼使子木得出了“是皆然矣”的结论,再用“今又有甚于此者”一句转入正意,引出伍举。前面讲析子等四个逃臣,为的是映照和陪衬伍举。前面四人是宾,伍举是主。以宾衬主,主因宾显。四宾对楚国的危害已经说得非常充分,伍举逃晋的严重性就不必多费笔墨,只反问一句“彼若谋楚,岂不为患”,就足以使子木胆战心惊了。

本篇分写四个逃臣，用了许多结构相同的句式。这些节奏感很强的排句反复出现，使文章显得气势磅礴，也加深了读者的印象。排句中间，又插进一些错综的句式，整齐之中又显得灵活生动，富有变化。

初，楚伍参与蔡大师子朝友①，其子伍举与声子相善也②。伍举娶于王子牟③。王子牟为申公而亡，楚人曰："伍举实送之。"伍举奔郑，将遂奔晋。声子将如晋，遇之于郑郊，班荆相与食④，而言复故⑤。声子曰："子行也，吾必复子。"

【注释】

① 伍参：伍奢的祖父。② 伍举：伍奢的父亲，伍员的祖父。声子：子朝之子，又称公孙归生。③ 王子牟：楚王子，曾为申邑长官，又称申公子牟。④ 班：铺。荆：草名。班荆，把草铺在地上，代替坐席。⑤ 复故：返回楚国的事。故，事。

及宋向戌将平晋、楚①，声子通使于晋，还如楚。令尹子木与之语②，问晋故焉，且曰："晋大夫与楚孰贤？"对曰："晋卿不如楚③，其大夫则贤，皆卿材也。如杞梓皮革④，自楚往也。虽楚有材，晋实用之。"子木曰："夫独无族姻乎⑤？"对曰："虽有，而用楚材实

多。归生闻之：善为国者，赏不僭而刑不滥[6]。赏僭，则惧及淫人[7]；刑滥，则惧及善人。若不幸而过，宁僭，无滥；与其失善，宁其利淫。无善人，则国从之。《诗》曰：‘人之云亡，邦国殄瘁[8]。’无善人之谓也。故《夏书》曰：‘与其杀不辜，宁失不经[9]。’惧失善也。《商颂》有之曰：‘不僭不滥，不敢怠皇。命于下国，封建厥福[10]。’此汤所以获天福也。古之治民者，劝赏而畏刑[11]，恤民不倦[12]。赏以春夏，刑以秋冬。是以将赏为之加膳，加膳则饫赐[13]，此以知其劝赏也。将刑为之不举[14]，不举则彻乐[15]，此以知其畏刑也。夙兴夜寐[16]，朝夕临政，此以知其恤民也。三者[17]，礼之大节也。有礼，无败。今楚多淫刑，其大夫逃死于四方，而为之谋主[18]，以害楚国，不可救疗，所谓不能也[19]。子仪之乱，析公奔晋[20]。晋人置诸戎车之殿[21]，以为谋主。绕角之役[22]，晋将遁矣，析公曰：‘楚师轻窕，易震荡也。若多鼓钧声[23]，以夜军之[24]，楚师必遁。’晋人从之，楚师宵溃。晋遂侵蔡，袭沈[25]，获其君[26]，败申、息之师于桑隧[27]，获申丽而还[28]。郑于是不敢南面[29]。楚失华夏，则析公之为也。雍子之父兄谮雍子[30]，君与大夫不善是也[31]，雍子奔晋。晋人与之鄐[32]，以为谋主。彭城之役[33]，晋、楚遇于靡角之谷[34]，晋将遁矣，雍子发命于军曰：‘归老幼，反孤疾，二人役，归一人。简兵蒐乘，秣马蓐食，师陈焚次[35]，明日将战。’行归者而逸楚囚[36]，楚师宵溃。晋降彭城而归诸宋，以鱼石归[37]。楚失东夷[38]，子辛死之[39]，则雍子之为也。子反与子灵争夏姬[40]，而雍害其事[41]，子灵奔晋。晋人与之邢[42]，以为谋主，扞御北狄，通吴于晋，教吴叛楚，教之乘车、射御、驱侵，使其子狐庸为吴行人焉[43]。吴于是伐巢[44]，取驾[45]，克棘[46]，入州来[47]，楚罢于奔命[48]，至今为患，则子灵之为也。若敖之乱[49]，伯贲之子贲皇奔晋[50]。晋人与之苗[51]，以为谋主。鄢陵之役[52]，楚晨压晋军而陈，晋将遁矣，苗贲皇曰：'楚师之良，在其中军王族而已。若塞井夷灶，成陈以当之，栾、范易行以诱之[53]，中行、二郤必克二穆[54]，吾乃四萃于其王族[55]，必大败之。'晋人从之，楚师大败，王夷师熸[56]，子反死之。郑叛、吴兴，楚失诸侯，则苗贲皇之为也。"子木曰："是皆然矣。"声子曰："今又有甚于此者。椒举娶于申公子牟[57]，子牟得戾而亡[58]，君大夫谓椒举[59]：'女实遣之。'惧而奔郑，引领南望曰：'庶几赦余[60]！'亦弗图也。今在晋矣，晋人将与之县，以比叔向[61]。彼若谋害楚国，岂不为患？"子木惧，言诸王，益其爵禄而复之。声子使椒鸣逆之[62]。

【注释】

①向戌：宋大夫，曾为左师，食邑在合，故又称左师、合左师。平：讲和。平晋、楚，使晋、楚和解。声子也参与其事。②子木：即屈建，去年任楚令尹。③卿：执政大臣，爵位高于大夫一等。④杞（qǐ）梓（zǐ）：两种优质木材。⑤夫（fú）：指示代词，彼，那，指晋国。独：副词，表示反问，相当于"难道"。族姻：同族子弟和有婚姻关系的人。⑥僭（jiàn）：过度。滥：泛滥，无节制。⑦淫：邪恶。⑧"《诗》曰"三句：引自《诗·大雅·瞻卬》。人，指贤人。云，句中助

词,无义。亡,逃亡。殄瘁(tiǎn cuì),艰危,困窘。⑨“故《夏书》”三句:所引《夏书》已亡佚,这两句被伪古文《尚书·大禹谟》袭用。经,常法。不经,不守常法的人。⑩“《商颂》”四句:引自《诗·商颂·殷武》。怠,懈怠。皇,今《诗经》作“遑”,闲暇,指偷闲。封,大。厥,其。⑪ 劝:乐,喜欢。⑫ 恤:忧。⑬ 饫(yù):饱。饫赐,把饱餐之后多余的酒菜赐给臣下。⑭ 举:安排美食佳肴并用音乐助餐。⑮ 彻乐:撤除饮食时的音乐。彻,与“撤”同义。⑯ 夙兴夜寐:早起晚睡。⑰ 三者:指“劝赏”、“畏刑”和“恤民”。⑱ 谋主:主谋。⑲ 不能:不能任用楚国的贤人。⑳“子仪”二句:子仪,楚臣斗克的字。析公:楚臣。子仪作乱,载《左传·文公十四年》。㉑ 戎车:特指国君的战车。殿:后。㉒ 绕角:蔡地,在今河南省鲁山县东。鲁成公六年(前585),晋军救郑,与楚军战于绕角。㉓ 钧声:相同之声。多鼓钧声,指装出大举进攻的声势。㉔ 军:进攻。㉕ 沈:国名,在今安徽省临泉县北。㉖ 获其君:指俘虏沈子揖初。载《左传·成公八年》。㉗ 桑隧:在今河南省确山县东。㉘ 申丽:楚大夫。㉙ 不敢南面:指郑国畏服晋国,不敢南向亲附楚国。面,向。㉚ 雍子:楚臣。谮(zěn):中伤,诬陷。㉛ 不善是:不喜此人。㉜ 鄐(xù):晋地,在今河南省温县附近。㉝ 彭城:在今江苏省徐州市。彭城之役,指鲁成公十八年楚伐宋而与晋国发生的战争。㉞ 靡角之谷:在彭城附近。㉟ 陈:列阵。次:营帐。㊱ 归者:指上文所说应放归的老、幼、孤、疾。㊲ 鱼石:本为宋臣,于鲁成公十五年逃到楚国。㊳ 东夷:东方各落后部族的统称。㊴ 子辛:楚令尹公子壬夫。鲁襄公五年被楚共王杀掉,并非死于彭城之役。㊵ 子灵:楚宗族,又称巫臣、屈巫。于鲁成公二年逃奔晋国。夏姬:郑穆公之女，陈国大夫御叔之妻。鲁宣公十一年，楚庄王伐陈，获夏姬而归。子反与子灵争夏姬的事，载《左传·成公二年》。㊶ 雍害：同“壅害”，阻碍，破坏。㊷ 邢：晋邑，在今河南省温县东北。㊸ “通吴于晋”四句：载《左传·成公七年》。行人：外交使节。㊹ 巢：本为国名，后为楚吞并，在今安徽省居巢东北。㊺ 驾：楚地，在今安徽省无为县境。㊻ 棘：楚地，在今河南省永城市南。㊼ 州来：楚地，在今安徽省凤台县。㊽ 罢(pí)：通“疲”。㊾ 若敖：指楚令尹子文的氏族。鲁宣公四年，以令尹斗椒为首的若敖氏叛乱，被楚成王灭族。㊿ 伯贲(bēn)：也作“伯棼”，楚令尹斗椒的字。51 苗：晋邑，当在今河南省济垣县西。52 鄢陵之役：发生在鲁成公十六年，参见本书《晋楚鄢陵之战》。53 栾：栾书，晋中军将。范：范文子士燮，晋中军佐。易行：简易行阵、以诱楚军。54 中行：晋上军佐荀偃。二郤：晋上军将郤锜和新军佐郤至。二穆：楚左军将子重和右军将子辛。这两人都是楚穆王的后代，故称二穆。55 “吾乃”句：打败楚左、右两军之后，晋上、中、下、新四军则集中攻击楚国的中军王族。萃：集。56 夷：伤。王夷，指楚共王之目被晋吕锜射中。熸(jiān)：火灭，比喻军队覆灭。57 椒举：即伍举。58 戾(lì)：罪。59 君大夫：君与大夫。60 庶几：副词，表示希望。61 叔向：晋上大夫羊舌肸(xī)。比叔向，让他的爵禄可以跟叔向比并。62 椒鸣：伍举之子，伍奢之弟。逆：迎。

【翻译】

当初，楚国的伍参跟蔡国的太师子朝交朋友，伍参的儿子伍举也跟子朝的儿子声子有交情。伍举娶了王子牟的女儿。王子牟做了申邑的长官以后获罪出逃。楚国人说："伍举肯定护送过他。"伍举就逃到郑国，准备再逃往晋国。声子将要到晋国去，在郑国都城的郊外遇见伍举，两人铺了草坐在一起吃东西，谈起了伍举回楚国的事。声子说："你上路吧，我一定要让你回到楚国去。"

等在宋国的向戌准备让晋、楚两国和解的时候，声子出使晋国，回来的时候到了楚国。楚国的令尹子木跟声子交谈，问起晋国的事，并且问："晋国的大夫比起楚国来谁更贤明些？"声子回答说："晋国的卿比不上楚国，它的大夫却是贤明的，全都是担任卿的人才。正如杞木、梓木和皮革，都是从楚国去的。虽然楚国有人才，晋国却确实在使用他们。"子木说："晋国难道没有同族和姻亲做大夫吗？"声子回答说："虽然有，可是用楚国的人才的确很多。我听说过这样的话：善于治理国家的人，赏赐不过分而刑罚有节制。赏赐过了头，就怕赏到坏人；刑罚无节制，就怕伤及好人。要是不幸而超过了限度，宁可过分赏赐，不要滥用刑罚；与其错罚了好人，宁可有利于坏人。没有好人，国家就会跟着受害。《诗》上说：'贤人跑光，国家遭殃。'这说的是国家没有好人。所以《夏书》说：'与其杀害无辜，宁可放过罪犯。'这就是怕误罚了好人啊。《商颂》上有这样的话：'不能妄赏滥罚，不能松劲偷闲，上天命我下国，大力建造幸福。'这就是商汤得到上天赐的福泽的原因了。古代管理百姓的人，喜欢赏赐而害怕用刑，为百姓操心而不知疲倦。在春夏两季赏赐，在秋冬两季用刑。所以在将要赏赐的时候，就为这事加餐，加餐就把多余的酒菜赐给臣下饱餐一顿，从这里就知道他喜欢赏赐。将要用刑的时候，就为这事不设美食佳肴，不设美食佳肴也就撤除进餐时的音乐，从这里就知道他害怕用刑。早起晚睡，早上晚上亲自临朝处理政事，从这里就知道他体恤百姓。喜欢赏赐、害怕用刑和体恤百姓这三件事，都是礼的大原则。有了礼就不会失败。现在楚国有很多过分的刑罚，楚国的大夫逃命到周围的国家，而且成了他们的主谋，以至危害楚国，没法救治，这就说楚国不能用人。子仪那次叛乱，析公逃到了晋国。晋国人把他安排在国君的战车后面，让他当主谋。绕角那一仗，晋国打算逃跑了，析公说：'楚军轻率浮躁，很容易动摇。如果多处击鼓发生同样的声音，趁着黑夜进攻他，楚军肯定逃跑。'晋国人照他的话办，楚军就在夜里溃逃了。晋国于是进攻蔡国，偷袭沈国，捉住了沈君，在桑隧打败了楚国申、息两地的楚军，捉了申丽回国去。郑国因此不敢向南亲附楚国。楚国失去中原的诸侯，这都是析公所干的。雍子的父亲和哥哥毁谤雍子，国君和大夫也都不喜欢这个人，雍子就逃到晋国。晋国人把鄐地封给他，让他当主谋。彭城那一仗，晋军和楚军在靡角之谷相遇，晋军打算逃跑了，雍子对军队发布命令说：'放回老的和小的，放回孤儿和病员，一家有两人服兵役的，放一个回去。挑选精兵，检阅战车，喂饱马匹，饱餐一顿，军队列阵，烧掉营帐，明天将决战。'晋军让该回去的人上了路，并且放跑楚国的战俘，楚军就连夜溃逃了。晋国让彭城投降并且把它交还宋国，还俘虏了鱼石回晋国去。楚国失去了东夷诸国，子辛也为这事被杀，这都是雍子干的。子反跟子灵争夏姬，阻碍并破坏了子灵的婚事，子灵逃到晋国。晋国人把邢地封给他，让他当主谋，抵御北狄，替晋国联络吴国，唆使吴国背叛楚国，教会吴国人乘车、射箭、驾车和驱车进攻，派他的儿子狐庸担任吴国的外交官。吴国因而进攻巢地，占领驾地，攻克棘地，侵入州来，楚国疲于奔命，吴国到现在还是个祸患，这都是子灵干的。若敖氏那次叛乱，伯贲的儿子贲皇逃到晋国，晋国人把苗地封给他，让他当了主谋。鄢陵那一仗，楚军一大早就逼近晋军摆下阵势，晋军打算逃跑了，苗贲皇说：'楚军的精锐在于他中军里的楚王亲兵罢了。如果填井平灶，摆好阵势来抗击他们，栾、范两部减缩行阵来引诱楚军，荀偃和郤锜、郤至肯定能战胜子重和子辛，我们再集中四军的兵力攻击中军的楚王亲兵，一定能把他们打得大败。'晋国照他说的办，楚军大败，国君负伤，军队丧亡，子反为这事自杀。郑国叛离了，吴国兴盛了，楚国失去了诸侯，这都是苗贲皇干的。"子木说："这些全说对了。"声子说："现在又有比这些更厉害的。伍举娶了申公王子牟的女儿，子牟获罪出逃，国君和大夫们都说伍举：'你确实送走了他。'伍举害怕而逃奔郑国，他伸长脖子向南望着，说："但愿能赦免我！"可是楚国也不加考虑。现在伍举已经在晋国了，晋国人打算把一个县封给他，让他可以跟叔向相比。他如果出谋献策危害楚国，岂不是成了祸患了吗？"子木害怕起来，对楚王说了，楚王提高了伍举的俸禄和职位并让他回到楚国。声子就叫椒鸣去迎接他。

二十四、吴季札观乐

本文选自鲁襄公二十九年(前544)。季札到鲁国访问,观赏鲁乐工表演歌舞,并逐一加以评论,提出了一套理论和看法。最重要的一点,是认为音乐舞蹈跟政治教化和风俗民情有着密切的联系。所以,尽管乐工事先并没有告诉他所表演的是哪一国的歌舞,但季札加以想象揣摩,便能尽知其所以然。他所作的音乐评论,形象生动而又切中要害,是中国古代音乐批评的一篇重要文献。

"听声而类形",是本篇的一个显著特点。从不同的曲调而引起了对人、对物和对事的丰富联想,从而把抽象的听觉形象用具体可见的视觉形象表现出来,把这场歌舞描绘得有声有色、丰富多彩,如云蒸霞蔚,变化万千。虽然是逐一摹写,再加赞评,句式却富于变化,没有单调雷同之弊,而有抑扬顿挫之美。

另外,从乐工所奏风、雅、颂的各个部分,可以知道那时的存诗情况已经和流传至今的《诗经》大体相同，连十五国风的先后次序也只小有差异。当时孔子还只有八岁，可见司马迁关于孔子删诗的说法不大靠得住。

吴公子札来聘①。……请观于周乐②。使工为之歌《周南》、《召南》③，曰：“美哉！始基之矣④，犹未也，然则勤而不怨矣⑤。”为之歌《邶》、《鄘》、《卫》⑥，曰：“美哉，渊乎！忧而不困者也。吾闻卫康叔、武公之德如是⑦，是其《卫风》乎⑧？”为之歌《王》⑨，曰：“美哉！思而不惧⑩，其周之东乎！”为之歌《郑》⑪，曰：“美哉！其细已甚⑫，民弗堪也。是其先亡乎？”为之歌《齐》，曰：“美哉，泱泱乎⑬！大风也哉！表东海者⑭，其大公乎⑮？国未可量也。”为之歌《豳》⑯，曰：“美哉，荡乎⑰！乐而不淫⑱，其周公之东乎⑲？”为之歌《秦》，曰：“此之谓夏声⑳。夫能夏则大，大之至也，其周之旧乎！”为之歌《魏》㉑，曰：“美哉，沨沨乎㉒！大而婉，险而易行㉓；以德辅此，则明主也㉔！”为之歌《唐》㉕，曰：“思深哉！其有陶唐氏之遗民乎㉖？不然，何忧之远也？非令德之后㉗，谁能若是？”为之歌《陈》㉘，曰：“国无主，其能久乎㉙！”自《郐》以下㉚，无讥焉㉛！

【注释】

① 吴公子札：吴王寿梦的小儿子，又称季札。他的食邑在延陵、州来两地，所以又称延陵季子或州来季子。
② 周乐：周王室的音乐舞蹈。周成王曾以周乐赐鲁，所以

鲁国公室有周乐。③ 工：乐工。歌：此指弦歌，歌唱时有乐曲伴奏。《周南》、《召南》：《诗经》中开头的两种国风。南指南方诸侯之国。《周南》、《召南》取名于周公旦和召公奭的教化自北而及于南的意思。《周南》、《召南》和下文的《邶》、《鄘》、《卫》、《王》等都是《诗经》中的各个部分。④ 基之：为教化奠定了基础。⑤ 勤而不怨：即"劳而不怨"，这是季札认为从音乐中体现出来的民情。以下所论同此。⑥ 邶(bèi)鄘(yōng)卫：三个周代的诸侯国。邶在今河南省汤阴县南，鄘在今河南省新乡市南，卫在今河南省淇县。武王灭纣之后，把商都旧地(河南省安阳市)封给纣之子武庚，邶、卫、鄘分别由武王弟霍叔、蔡叔和管叔三人分治，以监殷民，称为三监。后来三监叛周，周公平定三监而合并其地为卫，封给康叔。所以下文季札只提《卫风》。⑦ 康叔：周公之弟，卫国第一位国君。武公：康叔的九世孙。这两人都是卫国贤君。⑧ 其：副词，表示推测、不肯定的语气。乐工事先并未说明所歌为何国之诗，季札从乐曲和歌辞中加以想象，所以赞语多用推测语气。⑨《王》：周平王东迁后周王城洛邑的乐诗。⑩ 思而不惧：指平王东迁，虽有宗周殒灭的忧思，但仍存先代遗风，所以思而不惧。⑪《郑》：今河南新郑一带的民歌。⑫ 细：细碎烦琐，音乐之细象征郑国政令苛细。⑬ 泱泱(yāng)：辽阔深广的样子。⑭ 表东海：为东海诸国作出表式。⑮ 大(tài)公：姜太公，即吕尚，齐国第一位国君。⑯ 豳(bīn)：西周公刘时旧都，在今陕西省彬县东北。⑰ 荡：博大平正的样子。⑱ 淫：过度，无节制。⑲ 周公之东：指周公东征，平定"三监"叛乱的事。⑳ 夏：周人称西周王畿之地为夏。秦在今陕西、甘肃一带，拥有西周旧都之地。夏又通雅，夏声即雅声、正声，也就是西周的"京音"。㉑ 魏：在今山西省芮县北，鲁闵公元年（前 661）为晋献公所灭。㉒ 沨沨（féng féng）：轻扬浮动的样子。㉓ 险：不平，指乐调曲折而多变化。㉔"以德"二句：季札以音乐象征政治，认为如果能用德教来辅行政令，就可以成为贤君。这时晋国已据有魏的旧地，这里即指晋国。㉕ 唐：在今山西省太原市。晋的第一位国君叔虞初封于唐。㉖ 陶唐氏：尧先封于陶，后迁于唐，陶唐氏即指帝尧。尧是古代圣君，晋国所在是陶唐氏旧地。㉗ 令德：美德。令德之后，指帝尧后裔。㉘ 陈：陈都宛丘，在今河南省淮阳县。㉙"国无主"二句：杜预注："淫声放荡，无所畏忌，故曰国无主。"此后六十五年，即鲁哀公十七年，陈为楚国所灭。㉚ 郐（kuài）：同"桧"。《诗经》作《桧风》。郐在今河南省郑州市南，为郑武公所灭。《郐》以下，今《诗经》中，《桧风》以下还有《曹风》，是本篇唯一未提及的风诗。㉛ 讥：评论。

为之歌《小雅》①，曰："美哉！思而不贰，怨而不言，其周德之衰乎？犹有先王之遗民焉②！"为之歌《大雅》③，曰："广哉！熙熙乎④！曲而有直体，其文王之德乎？"为之歌《颂》⑤，曰："至矣哉！直而不倨⑥，曲而不屈；迩而不偪⑦，远而不携⑧；迁而不淫，复而不厌；哀而不愁，乐而不荒⑨；用而不匮，广而不宣；施而不费，取而不贪；处而不底⑩，行而不流。五声和⑪，八风平⑫；节有度⑬，守有序⑭。盛德之所同也！"

【注释】

①《小雅》:《诗经》中的一部分,多为西周和东周初期首都地区的作品,大部分是朝会宴享的诗。② 先王:指周代文、武、成、康诸王。③《大雅》:《诗经》中的一部分,性质和产生的时代与《小雅》相近,只是音乐曲调有不同。④ 熙熙:和乐的样子。⑤《颂》:《诗经》的一部分,包括《周颂》、《鲁颂》和《商颂》,是祭祀的乐歌。⑥ 倨(jù):傲慢。⑦ 迩:近。偪:同"逼",侵逼。⑧ 携:离。⑨ 荒:放纵,过度。⑩ 处(chǔ):安守。底:停顿,碍滞。⑪ 五声:指宫、商、角、徵(zhǐ)、羽五个音级。⑫ 八风:八方之气。古人认为美好的音乐能得八方之气。这里指曲调而言。⑬ 节:节拍。⑭ 守:指乐器演奏各守其分,和谐不乱。

见舞《象箾》、《南籥》者①,曰:"美哉,犹有憾!"见舞《大武》者②,曰:"美哉,周之盛也,其若此乎?"见舞《韶濩》者③,曰:"圣人之弘也,而犹有惭德④,圣人之难也!"见舞《大夏》者⑤,曰:"美哉!勤而不德⑥。非禹,其谁能修之⑦!"见舞《韶箾》者⑧,曰:"德至矣哉!大矣,如天之无不帱也⑨,如地之无不载也!虽甚盛德,其蔑以加于此矣⑩。观止矣!若有他乐,吾不敢请已!"

【注释】

①《象箾(xiāo)》、《南籥(yuè)》:都是歌颂周文王的乐舞。《象箾》是武舞,《南籥》是文舞。箾,同"箫",管乐器。

籥，形似排箫的乐器，都是舞者所执。②《大武》：周武王的乐舞。③《韶濩》（sháo hù）：商汤的乐舞。④ 惭德：遗憾，缺憾。杜预认为，汤代桀是以下犯上，所以季札对此表示不满。⑤《大夏》：夏禹的乐舞。⑥ 不德：不自以为德，不居功。⑦ 修之：创作这个乐舞。⑧《韶箾》：虞舜的乐舞。⑨ 帱（dǎo）：覆盖。⑩ 蔑：无，没有。

【翻译】

吴国公子季札到鲁国来访问……请求观赏周王室的音乐舞蹈。鲁国让乐工为他配乐而唱《周南》和《召南》。季札说："好啊！教化已经奠定基础了，可是还没有遍及，不过，百姓辛劳却不怨恨了。"乐工为他配乐而唱《邶风》、《鄘风》和《卫风》，季札说："好啊，深远啊！虽有忧思却不至于困窘了。我听说卫康叔、卫武公的德行就像这样，这大概是《卫风》吧。"乐工为他配乐而唱《王风》，季札说："好啊！虽有忧思却没有恐惧了，大概是周室东迁以后的乐章吧。"乐工为他配乐而唱《郑风》，季札说："好啊！可是它烦琐细碎太过分，老百姓忍受不了。它大概最先亡国吧。"乐工为他配乐而唱《齐风》，季札说："好啊！辽阔深远，这是大国的乐章啊！可以为东海诸国作出表式的，大概是姜太公的国家吧？国运未可限量啊！"乐工为他配乐而唱《豳风》，季札说："好啊，博大平正！快乐而不放纵，也许是周公东征时的诗章吧。"乐工为他配乐而唱《秦风》，季札说："这就叫做雅声。能用雅声自然宏大，宏大极了，大概是西周旧地的乐章吧。"乐工为他配乐而唱《魏风》，季札说："好啊，轻扬浮动！粗犷而又委婉，曲折而又易于流转；用德行来辅助他，就可以成为贤明的君主了！”乐工为他配乐而唱《唐风》，季札说：“思虑深远啊！大概有帝尧的遗民在那里吧！如果不是这样，为什么忧思这样深远呢？不是有美德者的后裔，谁能像这样呢？”乐工为他配乐而唱《陈风》，季札说：“国家没有主持者，难道能长远吗？”从《郐风》以下，季札就不加评论了。

乐工又为他配乐而唱《小雅》，季札说：“好啊！有哀思却没有背逆之心，怨恨却不倾吐，恐怕是周朝德政衰落时期的曲调吧。还是有先王的遗民在那里啊！”乐工为他配乐而唱《大雅》，季札说：“广阔无际啊！融洽和美啊！抑扬委婉而有刚健挺直的本质，大概是周文王的德政吧。”乐工为他配乐而唱《颂》诗，季札说：“好极了！正直而不傲慢，委曲而不屈挠；亲密而不逼迫，疏远而不背离；流动而不放荡，反复而不厌烦；哀伤而不愁怨，欢乐而不放纵；使用而不欠缺，广博而不张扬；好施而不靡费，取用而不贪求；安守而不留滞，运行而不泛滥。五音谐和，八风协调；音乐的节拍有法度，乐器的节奏有次序。盛德的先王都具有这些相同的品格啊！”

季札看了跳《象箾》、《南籥》这两种乐舞后，说：“好啊！但是还有美中不足。”看了跳《大武》的，说：“好啊！周朝的兴旺时期，大约就像这样吧。”看了跳《韶濩》的，说：“圣人这样伟大，却还有惭愧的意思，圣人也很难啊！”看了跳《大夏》的，说：“好啊！勤于民事却不居功。除了大禹，谁还能创作这样的乐舞呢。”看了跳《韶箾》的，说：“德行至高无上了！伟大啊，像上天的无所不盖，像大地的无所不容！即使有极高极美的德行，恐怕也不能超过这个了。观赏到了顶点了！如果还有别的乐舞，我也不敢请求观赏了！”

二十五、郑子产为政

本文分别选自鲁襄公三十年(前 543)、三十一年和昭公二十年(前 522)。子产是春秋晚期一位杰出的政治家。他在郑国执政二十多年，平息了统治集团内部的斗争，人民的痛苦有所减轻；在国外，亲近晋国却能在大国之间成功地保持了自己的独立地位，赢得了各国的尊重。这里选译的几则，从不同的侧面表现了他的才能和内政外交方面的成绩。

子皮授子产政，写子产开始执政就看出了郑国的主要问题是“国小而偪，族大宠多”，采取了相应的策略，三年就取得了显著成效。

坏晋馆垣，写子产维护国家尊严的坚定立场和杰出的外交才能。

择能而使，写子产知人善任，用人之所长，所以办事多能成功。

不毁乡校，写子产认识到压制舆论就像“防川”，从而对舆论采取了开明的态度。

论学而后入政，写子产用浅显的比喻说明

了“学而后入政”的道理和“以政学”的危害，表现他忠于国事，知无不言。

论为政宽猛，写子产临终前总结了宽和猛这两种治民方法，并以水火为喻说明各自的利弊和施行的难易。孔子则进一步提高概括为“宽猛相济”，这就成了历代统治者对付人民的重要手段。

郑子皮授子产政①。辞曰：“国小而偪②，族大宠多，不可为也③。”子皮曰：“虎帅以听，谁敢犯子④？子善相之⑤。国无小，小能事大，国乃宽⑥。”

【注释】

① 子皮：郑大夫，名罕虎。子产：郑大夫公孙侨的字。春秋时有名的政治家。② 偪：逼迫。指郑国处在晋、楚两大国之间，易受逼迫。③ 为：治。④ 犯：冒犯。⑤ 相：治理。⑥ 宽：宽缓，不困窘。

子产为政，有事伯石①，赂与之邑。子大叔曰②：“国皆其国也，奚独赂焉？”子产曰：“无欲实难，皆得其欲，以从其事，而要其成③。非我有成，其在人乎④？何爱于邑，邑将焉往⑤？”子大叔曰：“若四国何⑥？”子产曰：“非相违也，而相从也，四国何尤焉⑦？《郑书》有之曰⑧：‘安定国家，必大焉先⑨。’姑先安大，以待其所归。”既⑩，伯石惧而归邑⑪，卒与

之。伯有既死⑫，使大史命伯石为卿⑬，辞。大史退，则请命焉。复命之，又辞。如是三，乃受策入拜。子产是以恶其为人也，使次己位⑭。

【注释】

①伯石：郑大夫公孙段的字。②子大(tài)叔：郑大夫，名游吉。③要(yāo)：要求。④“非我”二句：意思是工作的成败在于执政者，旁人只是为执政者所用。等到做出了成绩，不是我有成绩，难道是别人的成绩吗？其，副词，用于反问，作用同“岂”。⑤邑将焉往：指所赐封邑仍在郑国，它能跑到哪里去呢？⑥四国：四方邻国。⑦尤：指责。⑧《郑书》：郑国的史籍，现已亡佚。⑨必大焉先：“必先大”的倒装。大，大族。焉，结构助词。⑩既：事后。⑪归：退还。⑫伯有：郑国前任执政大臣良霄的字。伯有因酗酒作乱，在这一年被杀。⑬大(tài)史：官名，掌祭祀、国史、策命等事。命：策命，把国君的命令写在史策上而加以任命。⑭次：在位次上低一等。“恶其为人”却“使次己位”，这是为防备大族作乱的一种特殊手段。

子产使都鄙有章①，上下有服②，田有封洫③，庐井有伍④。大人之忠俭者⑤，从而与之⑥；泰侈者⑦，因而毙之⑧。

【注释】

①都：城市。鄙：乡村。章：规章。②服：服饰。指在

车服方面有尊卑的不同。③ 封：田界。洫（xù）：沟渠。④ 庐井：房舍。指农村的房舍。伍：编排。田界沟渠既重新布置，农舍也就相应重新编排。⑤ 大人：指卿大夫。⑥ 与：亲近、称许。⑦ 泰侈：骄横自大。⑧ 毙：跌倒。毙之，扳倒他，指免他的职。

丰卷将祭①，请田焉②。弗许，曰："唯君用鲜③，众给而已④。"子张怒，退而征役⑤。子产奔晋，子皮止之，而逐丰卷。丰卷奔晋。子产请其田里⑥，三年而复之，反其田里及其入焉⑦。

【注释】

① 丰卷：郑大夫，字子张，郑穆公的后人。② 请田：请求打猎。古代只允许在冬季田猎，丰卷请求特许，猎取野兽以供祭祀。③ 鲜：指新猎得的野兽。④ 众：众臣。⑤ 征役：召集家兵。⑥ 田里：田地和住宅。⑦ 反：发还。其入：他封地上的收入。

从政一年，舆人诵之曰①："取我衣冠而褚之②，取我田畴而伍之③，孰杀子产，吾其与之④。"及三年，又诵之曰："我有子弟，子产诲之；我有田畴，子产殖之⑤。子产而死⑥，谁其嗣之？"（以上襄公三十年）

【注释】

① 舆人：众人。诵：有节奏的朗诵。② 褚：同"贮"，收

藏。子产主张"上下有服"，因此没收了不合礼制的衣冠。③ 畴：耕地。④ 其：将。与之：帮助他。⑤ 殖：增加产量。⑥ 而：假设连词，如果。

公薨之月[1]，子产相郑伯以如晋[2]，晋侯以我丧故[3]，未之见也。子产使尽坏其馆之垣而纳车马焉[4]。士文伯让之[5]，曰："敝邑以政刑之不修，寇盗充斥[6]，无若诸侯之属辱在寡君者何[7]，是以令吏人完客所馆，高其闬闳[8]，厚其墙垣，以无忧客使。今吾子坏之，虽从者能戒[9]，其若异客何？以敝邑之为盟主，缮完葺墙[10]，以待宾客。若皆毁之，其何以共命[11]？寡君使匄请命[12]。"对曰："以敝邑褊小，介于大国，诛求无时[13]，是以不敢宁居，悉索敝赋[14]，以来会时事[15]。逢执事之不闲，而未得见；又不获闻命，未知见时。不敢输币[16]，亦不敢暴露[17]。其输之[18]，则君之府实也，非荐陈之[19]，不敢输也。其暴露之，则恐燥湿之不时而朽蠹，以重敝邑之罪。侨闻文公之为盟主也，宫室卑庳[20]，无观台榭[21]，以崇大诸侯之馆，馆如公寝[22]；库厩缮修[23]，司空以时平易道路[24]，圬人以时塓馆宫室[25]；诸侯宾至，甸设庭燎[26]，仆人巡宫，车马有所，宾从有代，巾车脂辖[27]，隶人、牧、圉各瞻其事[28]；百官之属各展其物[29]；公不留宾[30]，而亦无废事；忧乐同之，事则巡之，教其不知，而恤其不足。宾至如归，无宁菑患[31]；不畏寇盗，而亦不患燥湿。今铜鞮之宫数里[32]，而诸侯舍于隶人，门不容车，而不可逾越；盗贼公行，而天厉不戒[33]。宾见无时，命不可知[34]。若又勿坏，是无所藏币

以重罪也。敢请执事，将何所命之？虽君之有鲁丧，亦敝邑之忧也。若获荐币，修垣而行，君之惠也，敢惮勤劳㉟？”文伯复命。赵文子曰㊱：“信㊲。我实不德，而以隶人之垣以赢诸侯㊳，是吾罪也。”使士文伯谢不敏焉。

【注释】

① 公：鲁襄公。薨(hōng)：诸侯死称薨。鲁襄公死于本年六月。② 郑伯：郑简公。③ 我：指鲁国。④ 坏：拆毁。馆：宾馆。垣：围墙。⑤ 士文伯：晋大夫士匄。让：责备。⑥ 充斥：充满。⑦ 无若……何：不知道对……怎么办。辱：表示恭敬的副词。在：问候。⑧ 闬(hàn)：大门。闳(hóng)：里巷之门。这里闬闳连用，指馆舍的大门。⑨ 戒：戒备，防范。⑩ 完：通“院”，墙垣。葺(jí)：以草覆墙。⑪ 共(gōng)：同“供”。共命，供应宾客所求。⑫ 请命：请问坏垣的用意。⑬ 诛：责求，索取。无时：没有定时。⑭ 赋：应交纳的财物。⑮ 会：朝会。时事：随时朝贡的事。⑯ 输：送上。币：礼品。⑰ 暴露：露天存放。⑱ 其：假设连词，如果。⑲ 荐陈：进献并当庭陈列。这是古代聘问时，必须经过的外交礼仪。⑳ 庳(bì)：与“卑”同义。卑痹，低小。㉑ 观(guàn)：门阙，即宫廷大门外两旁的高大建筑物，又名阙、象魏。台：用土石筑成的方形平顶的高坛。榭(xiè)：高台上的建筑物，有顶有柱而无墙壁。台、榭都可以登高观望。㉒ 公寝：国君住宿的宫室。㉓ 厩(jiù)：马房。㉔ 司空：官名，掌土木工程。平易：平整。㉕ 圬人：泥水工匠。塓(mì)：粉刷，涂抹。㉖ 甸：甸人，掌管薪火的官。庭燎：庭中

照明的火炬，设庭燎也是接待宾客的礼节。㉗ 巾车：掌管车辆的官。脂：油，用作动词，指上油。辖（xiá）：车轴头上的挡铁，用来管住车轮不使脱落。㉘ 隶人：清洁工。牧：放牧牛羊的人。圉：看管马匹的人。瞻：看视，照管。㉙ 展：陈列。各展其物用来招待宾客。㉚ 不留宾：及时接见，不让宾客滞留。㉛ 无宁：宁。无，句首助词，无义。宁，副词，表反问，哪里。菑：通“灾”。㉜ 铜鞮（dī）之宫：晋侯的离宫，故址在今山西省沁县南。㉝ 天厉：自然灾害，指上文的“燥湿之不时”。不戒：无从防备。㉞ 命：指晋侯接见的命令。㉟ 惮（dàn）：怕。勤劳：辛苦。㊱ 赵文子：晋大夫赵武，赵盾之孙。㊲ 信：情况真实。指确如子产所说。㊳ 垣：指房舍。赢：接待。

晋侯见郑伯，有加礼，厚其宴好而归之①。乃筑诸侯之馆。叔向曰②：“辞之不可以已也如是夫！子产有辞，诸侯赖之，若之何其释辞也③？《诗》曰：‘辞之辑矣，民之协矣；辞之绎矣，民之莫矣④。’其知之矣。”

【注释】

① 宴好：设宴并赠送礼品。宴指宴会，好指宴会上赠给宾客的礼物。② 叔向：晋大夫羊舌肸（xī）。③ 释辞：放弃辞令。④“辞之辑矣”四句：引自《诗·大雅·板》。辑，和睦。协，融洽。绎，通“怿”，喜悦。今《诗经》作“怿”。莫，安定，安宁。

子产之从政也，择能而使之。冯简子能断大事[①]；子大叔美秀而文[②]；公孙挥能知四国之为[③]，而辨于其大夫之族姓、班位、贵贱、能否，而又善为辞令；裨谌能谋[④]，谋于野则获[⑤]，谋于邑则否。郑国将有诸侯之事，子产乃问四国之为于子羽，且使多为辞令；与裨谌乘以适野，使谋可否；而告冯简子使断之；事成，乃授子大叔使行之，以应对宾客。是以鲜有败事[⑥]。

【注释】

① 冯简子：郑大夫。② 文：知识丰富，长于言辞。③ 公孙挥：郑大夫，字子羽。四国之为：四方诸侯国的举动。④ 裨谌（pí chén）：郑大夫。⑤ 野：郊外。获：指得到正确的判断。大概裨谌要在安静的环境中才能周密考虑，所以下文说："与裨谌乘而适野，使谋可否。"⑥ 鲜（xiǎn）：少。败事：把事办坏。

郑人游于乡校[①]，以论执政[②]。然明谓子产曰[③]："毁乡校，何如？"子产曰："何为？夫人朝夕退而游焉[④]，以议执政之善否。其所善者，吾则行之；其所恶者，吾则改之，是吾师也，若之何毁之？我闻忠善以损怨[⑤]，不闻作威以防怨[⑥]。岂不遽止[⑦]？然犹防川[⑧]：大决所犯，伤人必多，吾不克救也；不如小决使道[⑨]，不如吾闻而药之也[⑩]。"然明曰："蔑也，今而后知吾子之信可事也[⑪]。小人实不才[⑫]。若果行此，其郑国实赖之，岂唯二三臣[⑬]？"

仲尼闻是语也[14]，曰："以是观之，人谓子产不仁，吾不信也。"

【注释】

① 乡校：地方的学校，也是乡人聚会的公共场所。② 执政：施政措施，政事。下文的"执政"意思相同。③ 然明：郑大夫鬷(zōng)蔑的字。④ 夫(fú)：句首助词，用来引起下面的议论。退：指工作之后回来。⑤ 忠善：尽力为善。损：减少。⑥ 作威：摆出威风。指毁乡校。⑦ 遽(jù)：迅速。⑧ 防：堵塞。川：河流。⑨ 道：同"导"，引导。⑩ 药之：以之为药。⑪ 信：确实。可事：可以成事。⑫ 小人：自身的谦称。⑬ 二三：这些，这几位。⑭ 仲尼：孔丘的字。孔丘当时只有十岁，这些话应是他成人后听到这事而作的评论。

子皮欲使尹何为邑[1]。子产曰："少，未知可否。"子皮曰："愿[2]，吾爱之，不吾叛也。使夫往而学焉[3]，夫亦愈知治矣。"子产曰："不可，人之爱人，求利之也。今吾子爱人则以政[4]，犹未能操刀而使割也[5]，其伤实多。子之爱人，伤之而已，其谁敢求爱于子？子于郑国，栋也[6]。栋折榱崩[7]，侨将厌焉[8]，敢不尽言？子有美锦[9]，不使人学制焉；大官大邑，身之所庇也[10]，而使学者制焉，其为美锦不亦多乎[11]！侨闻学而后入政，未闻以政学者也。若果行此，必有所害。譬如田猎，射御贯[12]，则能获禽[13]，若未尝登车射御，则败绩厌覆是惧[14]，何暇思获？"子皮曰："善哉！虎不敏。吾闻君子务知大者远者[15]，小人务知小者近者[16]。我，小人也。衣服附在吾身，我知而慎之；大官大邑，所以庇身也，我远而慢之[17]。微子之言[18]，吾不知也。他日我曰：‘子为郑国[19]，我为吾家，以庇焉，其可也。’今而后知不足。自今请，虽吾家，听子而行。”子产曰：“人心之不同，如其面焉，吾岂敢谓子面如吾面乎[20]？抑心所谓危[21]，亦以告也。”子皮以为忠，故委政焉，子产以是能为郑国。（以上襄公三十一年）

【注释】

①尹何：子皮的家臣。为邑：为采邑之宰，即担任私人领地的长官。②愿：忠厚老实。③夫（fú）：第三人称代词，他。下句的“夫”字与此同。④以政：把政事交给他。⑤操：执，拿着。⑥栋：房子的大梁。⑦榱（cuī）：椽子。⑧厌：通“压”。⑨锦：有彩色花纹的绸缎。⑩庇（bì）：依托。⑪其：代词，指代上文的“大官大邑”。⑫贯：通“惯”，习惯，熟习而有经验。⑬禽：禽兽的通称。⑭败绩：翻车。厌：压。“败绩厌覆”是“惧”的宾语，用结构助词“是”提到动词之前。⑮君子：指见识深远的人。⑯小人：指见识浅陋的人。⑰远：疏远，疏忽。慢：轻视。⑱微：带假设意味的连词，要不是。⑲为：治理。⑳“吾岂敢”句：譬喻自己的意见不一定跟子皮相同，不敢干预他的家事。㉑抑：转折连词，不过。

郑子产有疾，谓子大叔曰：“我死，子必为政。唯有德者能以宽服民，其次莫如猛[①]。夫火烈，民望而畏之，故鲜死焉；水懦弱，民狎而玩之[②]，则多死焉，故宽难。”疾数月而卒。

大叔为政，不忍猛而宽。郑国多盗，取人于萑苻之泽[③]。大叔悔之，曰：“吾早从夫子，不及此。”兴徒兵以攻萑苻之盗[④]，尽杀之，盗少止。

【注释】

① 猛：严厉。② 狎（xiá）：熟习。③ 取：同“聚”。人：指强盗。萑苻（wán fú）：泽名。④ 徒兵：步兵。

仲尼曰：“善哉！政宽则民慢，慢则纠之以猛[①]；猛则民残，残则施之以宽。宽以济猛[②]，猛以济宽，政是以和。《诗》曰：‘民亦劳止，汔可小康；惠此中国，以绥四方[③]。’施之以宽也。‘毋从诡随，以谨无良；式遏寇虐，惨不畏明[④]。’纠之以猛也。‘柔远能迩，以定我王[⑤]。’平之以和也。又曰：‘不竞不絿，不刚不柔，布政优优，百禄是遒[⑥]。’和之至也。”

及子产卒，仲尼闻之，出涕曰[⑦]：“古之遗爱也[⑧]。”（以上昭公二十年）

【注释】

① 纠：矫正。② 济：帮助而使之成功。③“民亦劳止”四句：引自《诗·大雅·民劳》。亦、止，都是助词，无实义。汔（qì），副词，必示期望。康，安。中国，京师。绥，安。四

方，指四方的诸侯国。④“毋从诡随”四句：也引自《诗·大雅·民劳》。从（zòng），通“纵”，放纵。诡随，狡诈行骗的人。谨，管束的意思。式，句首助词，无实义。遏，制止。寇虐，抢劫行凶的人。惨，犹曾、乃。明，法。⑤“柔远”二句：也引自《民劳》。柔，安抚。远，指住在远地的人。能，与“柔”同义。迩，指住在近处的人。⑥“不竞不絿”四句：引自《诗·商颂·长发》。竞，急。絿，缓。优优，宽和的样子。遒（qiú），聚。⑦涕：眼泪。⑧古之遗爱：指子产的仁爱，有古人的遗风。

【翻译】

郑国的子皮把政务交给子产。子产推辞说：“国家小而又受到大国的逼迫，世族强大而恃宠的人又多，不可能治理啊！”子皮说：“我领着这些人来服从您，谁敢冒犯您呢？您好好治理国家吧。国不在小，小国能够事奉好大国，国家也就可以从容发展了。”

子产执政了，有事委托伯石去办，就送给他一个封邑。子太叔说：“国家是我们大家的国家，为什么单要送给他封邑？”子产说：“一个人没有欲望的确很难。让大家都能得到他想要的，好去从事自己的工作，而要求他们把事情办成功。这不是我有成绩，难道是别人的成绩吗？为什么舍不得封邑，这个封邑会跑到哪里去呢？”子太叔说：“怎样对待四方邻国的责难呢？”子产说：“这样做并非违反大家的愿望，而是顺应了大家的心愿，四方邻国有什么可责怪的？《郑书》上有这样的记载：‘若要安定国家，必先安抚大族。’我姑且先把大族安抚好，再等待他们的归向。”事后，伯石感到害怕而归还了封邑，子产最终还是给了他。伯有死了之后，派太史任命伯石为卿。伯石推辞了。太史回去后，伯石又请求任命自己。再一次任命他，伯石又推辞。像这样经过三次，才接过策书进宫拜谢。子产因此厌恶伯石的为人，怕他作乱，就安排他在仅次于自己的位置上。

子产使城镇和乡村各有一定的规章，上级和下级各有不同的服制，田亩各有边界和沟渠，房屋住宅各有编排，卿大夫中忠诚俭朴的，就听从和亲近他们；骄横自大的，就惩办撤职。

丰卷准备举行家祭，请求准许打一次猎。子产不批准，说："只有国君才能用新猎的野兽来祭祀，臣子们祭品大体齐备就可以了。"丰卷气极了，回去召集家兵，准备攻打子产。子产要逃往晋国，子皮拦住了他，而赶走了丰卷。丰卷逃到晋国。子产请求郑君不要没收丰卷的田地和房屋，过了三年又让他回到郑国来，把田地房屋连同这三年的收入都还给了他。

子产执政满一年，大家编成歌来念诵："拿了我的衣帽藏起来，拿了我的田地重安排，谁要杀子产，我们帮他干起来。"等到满了三年，大家又念诵说："我有子弟，子产教育；我有田地，子产增殖。子产死了，谁来接替？"

鲁僖公去世的那一个月，子产辅佐郑简公到晋国去。晋平公因为鲁国丧事的缘故，没有接见他们。子产就派人全部拆毁宾馆的围墙而把车马安顿在里面。士文伯来责备他说："我们国家因为政务和法制都没有搞好，盗贼随处都是，不知道对屈尊访问我们国君的诸侯属官们怎么办，所以派了官员修缮外宾们住的馆舍，馆门做得高高的，围墙修得厚厚的，让外国来使不感到担心。现在您把围墙拆了，即使你的随员们能够加以防范，对别国的宾客又怎么办呢？因为我们国家是盟主，所以修盖了围墙，用来接待宾客。如果把围墙全都拆了，怎样来应付使节们的要求呢？我们国君派我来请问你们拆墙的用意。”子产回答说：“由于敝国国土狭小，夹在大国的中间，大国责成我们交纳贡品又没有定时，所以我们不能安安稳稳地过日子，只好尽量搜索敝国要交纳的财物，以便随时前来朝见。正遇上您没有空闲，没能见着，又没能得到指示，不知道召见的时间。我们不敢奉献贡品，又不能让它露天存放。如果奉献了，那就是国君府库中的财物了，要是不经过正式进献并当庭陈列，是不敢奉献的。要是让这些礼品露天存放，又害怕时干时湿而腐朽生虫，加重了敝国的罪过。我听说文公做盟主的时候，宫室又矮又小，也没有门阙、高台和亭榭，却把招待诸侯的宾馆建得又高又大，宾馆就像今天晋君住的宫室；仓库和马房也给予修缮，司空按时平整道路，泥水工匠按时粉刷馆舍，诸侯们作为宾客来到，甸人设置照庭火炬，仆人巡视宾馆宅院，车辆马匹有安顿的场所，宾客的仆从有代劳的人员，管理车辆的官员给车轴上油，打扫房屋的、饲养牛羊的、看管马匹的，都各自照看自己分内的事情，各部官员也都陈列自己待客的礼物；国君随时接见来宾，因而没有被耽误的事；跟宾客同忧同乐，发生事故随即巡查，教给他们所不知道的事情，接济他们所缺乏的物品。宾客来到这里好像回到了家，哪里还会有灾患啊；不怕抢劫偷盗，也不愁燥热潮湿。现在晋国的铜鞮离宫接连好几里，来访的诸侯却安置在奴仆住的房子里，大门放不进车子，车子又不能翻墙而进去；盗贼公开活动，天然灾害又无法防范，宾客进见没有确切的日期，召见的命令也不知何时下达。如果还不拆毁围墙，那就没有地方存放礼品而加重我们的罪过了。冒昧地请问您，对我们将有什么指教？虽然贵君遇上鲁国的丧事，但这也是敝国的忧戚啊。要是获准我们奉献礼品，我们会修好围墙再离开，这是贵君的恩德，我们敢害怕辛苦吗？”文伯回去报告。赵文子说：“的确如此。我们实在是不修德行，用奴仆住的宅院来接待诸侯，这是我们的过失啊！”于是就派士文伯去道歉。

晋平公会见了郑简公，对他更加礼敬，隆重地为他设宴并且加赠了礼品再让他回国。晋国于是修建了接待诸侯的宾馆。叔向说：“辞令不能废止就是像这样的啊！子产擅长辞令，诸侯也靠他得了好处，怎么能不讲辞令呢？《诗》上说：‘言辞和谐，百姓融洽；言辞喜庆，百姓安宁。’子产大概已经懂得这个道理了。”

子产从事政务，选择贤能的人才并加以任用。冯简子能够决断大事；子太叔仪容漂亮而且学识丰富；公孙挥能了解四方诸侯的举动，而且清楚各国大夫的家族姓氏、位次职别、身份贵贱、才能高低，还擅长辞令；裨谌善于谋划，在野谋划就能得到正确的判断，在城里谋划就不行。郑国将要有外交事务，子产就向子羽询问各国的行动情况，并且让他多草拟一些外交辞令；然后跟裨谌坐上车子到野外去，让他考虑可行或不可行；再告诉冯简子让他去决断；事情确定了，就交给子太叔让他执行，去跟宾客应酬对答。因此很少有把事情办坏的情况发生。

郑国人到乡校闲游，议论施政措施的好坏。然明对子产说：“毁掉乡校，怎么样？”子产说：“干什么？人们早晚工作回来到乡校去走一走，议论一下施政措施的好坏。他们喜欢的，我们就推行；他们厌恶的，我们就改过来，这是我们的老师啊，为什么要毁掉乡校呢？我听说过尽力做好事来减少怨恨，没听说过摆出威风来防止怨恨。难道不能很快制止这种议论吗？但是那样做就像堵塞河道一样：大决口所造成的灾害，伤害民众必然很多，这是我救不了的。不如小小地开个决口让水流通导，不如我们听取这些议论并且把它当作治病的药物。”然明说：“我啊，今天过后才知道您是确实可以成事的。小人的确不才。要是真的这样做，恐怕整个郑国都得依靠您，岂止是我们这些臣子！”

孔子听到了这番话，说：“从这件事看来，人们说子产不仁，我不相信。”

子皮想派尹何当他家邑的长官。子产说：“他年轻，还不知道行不行。”子皮说：“尹何忠厚老实，我喜欢他，他不会背叛我的。让他去那里学着干，他就会更懂得治理了。”子产说：“不行。人们喜欢一个人，总希望对这个人有利。现在您喜欢一个人，却把政事交给他，好比他还不会拿刀就让他宰杀牲口，他会受到的伤害确实是很多的。你爱别人，只是伤害他罢了，这样，谁还敢求你爱他呢？您对郑国来说是大梁。大梁折断，椽子就会倒下来，我也会被压在里边，我怎么敢不把意见都说出来呢？您有漂亮的锦缎，不会叫人拿它去学着裁剪；大官大邑，是自身的依托，却叫还在学习的人去治理它，大官大邑比起美锦不是重要得多吗？我只听说学了之后才能当官，还没有听说拿当官作为学习的。如果真的这样办，肯定会有害。好比打猎，射箭驾车都有了经验，才能打到禽兽。如果还没有上过车射箭驾车，那么只愁翻车被压，哪有时间去想猎得禽兽呢？”子皮说：“说得好啊！我确实不聪明。我听说君子注重了解大的远的，小人注重了解小的近的。我是个小人啊！衣服贴在我身上，我知道要细心对待它，大官大邑是用来依托自身的，我却疏忽而轻视它。要不是您的一番话，我还不懂呢！以前我说过：'您管理郑国，我管理我的封邑，用它作为我托身之地，这总可以了吧！'从今以后，才知道这是不够的。从今天起我向您请求，即使是我封邑的事，也遵照您的意见去办。"子产说："每个人的想法不同，就像每人的面孔不一样，我怎么敢说您的面孔像我的面孔一样呢？不过心里觉得不安，也就把意见告诉您了。"子皮认为子产忠诚，所以把政务委托给他。因此子产能够把郑国管理好。

……

郑国的子产有病，对子大叔说："我死之后，您肯定执政。只有有德的人能够用宽和的方法使百姓服从，次一等的人不如用严厉的方法。火性暴烈，百姓一见就怕，所以很少死在火里。水性柔弱，百姓习惯了而玩弄它，反而多死在水里，因此用宽和的方法难。"子产病了几个月就去世了。

子大叔执政了，不忍心用严厉的方法而用宽和的方法。郑国的盗贼多起来，聚集在名叫萑苻的湖泽里。子大叔后悔了，说："我如果及早听他老先生的话，不至于到这个地步。"于是派出步兵去攻打萑苻的盗贼，全部杀光他们，盗贼才稍为止息。

孔子说："说得好啊！政令宽和，百姓就放肆，放肆就使用严厉的方法来矫正；政令严厉，百姓就易受伤害；受了伤害就施行宽和的方法。用宽和来助成严厉，用严厉来助成宽和，政治因此而和协。《诗》上说：'百姓劳苦又辛勤，希望稍稍得安宁。京城之中行仁政,四方诸侯能安定。'这就是实行宽和的方法了。'不要放纵狡诈人,不良之辈要管束,制止抢劫和行凶,他连王法都不惧。'这是用严厉的方法来矫正了。'远人近人都安抚,用来安定我王室。'这就是用和协来使国家安宁了。又说:'不急不慢,不刚不柔,施政宽和,百福聚凑。'这是宽和的最高境界了。"等到子产去世,孔子听到这个消息,流着眼泪说:"他有古代仁爱的遗风啊!"

二十六、晏婴叔向论齐晋季世

本文选自鲁昭公三年(前 539)。晏婴和叔向在宴会上交谈,各自介绍了本国当前的情况,得出了"此季世也"的共同结论。在齐国,一方面是公室对人民残酷剥削和滥施刑罚,造成了贫富悬殊的严重局面;一方面是新兴的陈氏家族趁机收买民心,齐国政权归于陈氏的趋势不可避免。晋国的情况也极为相似:一方面是"庶民罢敝,而宫室滋侈;道殣相望,而女富益尤"的鲜明对比,一方面是公族失势、政在家门的严重局面已无法挽回。他们谈论的虽然只是齐、晋两国的情况,但是"管中窥豹",可以看出当时奴隶制度土崩瓦解的历史趋势已经不可阻挡。晏婴和叔向都是当时很有识见的官僚贵族,他们对本国的社会情况和局势的发展了如指掌,但却无力回天,因而在无拘无束的谈话中,透露出了浓重的危机感和末日感。

这篇短文,提供了当时政治、经济、军事和宗法方面的可贵资料,因而,它也是一篇历来被史学家重视并经常引用的重要文献。

齐侯使晏婴请继室于晋①。……

既成昏②，晏子受礼③，叔向从之宴④，相与语。叔向曰：“齐其何如⑤？”晏子曰：“此季世也⑥，吾弗知。齐其为陈氏矣⑦。公弃其民，而归于陈氏。齐旧四量：豆、区、釜、钟⑧。四升为豆，各自其四⑨，以登于釜⑩，釜十则钟。陈氏三量皆登一焉⑪，钟乃大矣⑫。以家量贷，而以公量收之⑬。山木如市，弗加于山；鱼盐蜃蛤⑭，弗加于海。民三其力⑮，二入于公，而衣食其一。公聚朽蠹⑯，而三老冻馁⑰。国之诸市，屦贱踊贵⑱。民人痛疾，而或燠休之⑲，其爱之如父母，而归之如流水⑳。欲无获民，将焉辟之？箕伯、直柄、虞遂、伯戏，其相胡公、大姬㉑，已在齐矣㉒！”

【注释】

① 齐侯：齐景公，名杵臼。晏婴：齐大夫，字平仲。继室：续娶。晋平公曾娶齐女少姜为妃，少姜死于去年，于是齐国派晏婴去要求晋国续娶齐女。原文在此句下还有一段关于请求续娶齐女的话，现已删去。② 成昏：订婚，指确定了婚姻关系。昏，古“婚”字。③ 受礼：接受宴宾之礼。④ 叔向：晋国上大夫羊舌肸（xī）。⑤ 其：副词，表推测、估计。⑥ 季世：末世，衰微之世。⑦ 陈氏：齐国大夫陈完的后代宗族。陈完是陈厉公之子，鲁庄公二十二年（前 672）因陈国内乱而逃到齐国，这时他的后代已成为势力很大的贵族。陈氏，也作田氏，古音陈与田通。⑧ 豆、区（ōu）、釜、

钟：齐国的四种量器。⑨ 各自其四：各自用自身的四倍进位。⑩ 登：升。⑪ 登一：加一，指增加齐旧量的一个单位，原来以四进位，现在以五进位。即五升为豆，五豆为区，五区为釜。⑫ 钟乃大矣：齐旧量豆、区、釜各以四进位，釜到钟是以十进位；十釜为一钟，即四十区。陈氏三量各以五进位，十釜为一钟，即五十区，比齐旧量增加十区，即二釜半。这就不只增加一个齐旧量（一釜），所以说"钟乃大矣"。⑬ 家量：卿大夫称家，所以陈氏的量器称为家量。公量：诸侯称公，所以齐侯的量器称为公量。⑭ 蜃蛤（chén gé）：蛤蜊，这里用来代表各种海产品。⑮ 三：用作动词，分为三分。力：指劳动所得。⑯ 聚：所聚敛的财物。⑰ 三老：年老退休的小官。馁（něi）：饥饿。言三老冻馁，则百姓困苦可知。⑱ 屦（jù）：麻鞋。踊：假脚。屦贵踊贱，表明滥施酷刑，受刖（yuè，砍左脚）刑而需要假脚的人很多。⑲ 或：无定指代词，有人，指陈氏。燠休（yù xù）：抚慰困病的声音，这里是关怀抚慰的意思。⑳ 如流水：指像流动的水从高向低一样自然和迅速。㉑"箕伯"二句：箕伯、直柄、虞遂、伯戏，都是陈氏的先祖。其，语气词，表示推测。相，随从。胡公，以上四人的后代，陈国的第一位国君。大姬，周武王女，胡公的夫人。㉒ 已在齐矣：指这些陈氏的祖先已经在齐国接受祭享了。

叔向曰："然。虽吾公室①，今亦季世也。戎马不驾，卿无军行②；公乘无人，卒列无长。庶民罢敝③，而公室滋侈。道殣相望④，而女富益尤⑤。民闻公命，如逃寇仇。栾、郤、胥、原、狐、续、庆、伯⑥，降在皂

隶⑦。政在家门，民无所依。君日不悛⑧，以乐慆忧⑨。公室之卑，其何日之有？《谗鼎之铭》曰⑩：‘昧旦丕显⑪，后世犹怠。’况日不悛，其能久乎？”晏子曰：“子将若何？”叔向曰：“晋之公族尽矣⑫。肸闻之，公室将卑，其宗族枝叶先落⑬，则公从之。肸之宗十一族⑭，唯羊舌氏在而已。肸又无子⑮，公室无度，幸而得死，岂其获祀。”

【注释】

① 公室：诸侯及其政权。② 卿：执掌军政的大臣。晋有六卿，都担任军帅。军行（háng）：军队。③ 罢（pí）敝：衰竭，消耗过分而不能支持。罢，通“疲”。④ 殣（jǐn）：在路上饿死的人。⑤ 女：指国君的宠妃。尤：多出。⑥ 栾：栾枝。郤：郤缺。胥：胥臣。原：原轸，即先轸。狐：狐偃。以上五人都是卿。续：续简伯。庆：庆郑。伯：伯宗。以上三人都是大夫。栾氏等八家都是晋君的同姓（姬姓）贵族。这里是指他们的后代。⑦ 皂隶：官府中的差役。⑧ 日：一天又一天地。悛（quān）：悔改。⑨ 慆（tāo）：藏，掩盖。⑩ 谗鼎：鼎名。铭：铭文。刻铸在器物上的文字。⑪ 昧旦：黎明，天快亮的时候。丕：大。显：明。⑫ 公族：与国君同姓的子弟。尽：完，指全部衰落了。⑬ 枝叶先落：“枝叶”是“落”的状语，指像枝叶一样首先坠落。⑭ 宗：同一父系的家庭。族：氏，宗下面的各个分支。⑮ 无子：没有好儿子。晋平公曾强令叔向娶巫臣和夏姬所生的女儿为妻，生伯石。伯石于鲁昭公二十八年（前514）助祁盈为乱而被杀。此时伯石或者未生，或生而不肖。

【翻译】

齐景公派晏婴请求晋君继续娶齐国的女子为妃……

双方已经订婚，晏婴接受晋国宴宾之礼。叔向陪他一起参加宴会，互相交谈起来。叔向说："齐国将会怎么样呢？"晏婴说："这年头是衰微之世了，我不知道该怎么说。齐国恐怕是陈氏的了。国君抛弃他的百姓，百姓归向陈氏。齐国原有四种量器：豆、区、釜、钟。四升为一豆，各自以四进位，一直升到釜，十釜就是一钟。陈氏的豆、区、釜三种量器，都加大了四分之一，而钟就更大了。陈氏用私家的大量器借出粮食，却用公室的小量器收回。山里的木材运到市上，价钱不比山里贵；鱼盐蛤蜊等海产品，价钱也不比海边贵。老百姓把他们的劳动收入分成三份，两份要交给公室，而自己穿的吃的只占一份。公室聚敛的财物已经腐烂生虫，而年老退休的小官却受冻挨饿。国都的各个市场上，鞋价便宜而假脚昂贵。老百姓有了痛苦，有人趁机抚慰他们。百姓爱戴陈氏好像父母一样，归向陈氏如同流水一般。想要陈氏不赢得百姓，哪里能够避免呢？陈氏的远祖箕伯、直柄、虞遂、伯戏，恐怕随着胡公和大姬，已经在齐国接受祭享了。"

叔向说："对啊！就是我们公室，现在也是衰微之世了。战马不驾兵车，国卿不统军队，国君的战车左右没有好人才，步兵的队伍没有好长官。老百姓疲劳困苦，而宫室却更加奢华，路上饿死的人到处可见，而宠姬们娘家的财富多得装不下。老百姓听到国君的命令，就像躲避仇敌。栾、郤、胥、原、狐、续、庆、伯这八大家族的后人已经沦为差役。政权出于卿大夫之家，老百姓无所依从。国君一天又一天地不知悔改，用行乐来掩盖忧愁。公室的衰微，还能有几天呢？《谗鼎之铭》说：‘天还没亮就务求政绩显赫，后代子孙还是懒散懈怠。’何况国君一天天地不改，难道能长远吗？”晏婴说：“您打算怎么办呢？”叔向说：“晋国的公族全都衰微了。我听说，公室快要败落的时候，它的宗族就像枯枝败叶一样首先落下来，公室也就跟着衰亡了。我的一宗有十一族，只有羊舌氏这一支还在罢了。我又没有好儿子，公室又没有法度，要是运气好或能得到善终，难道还能指望得到后代子孙的祭祀吗？”

二十七、伍员奔吴

本篇选自鲁昭公十九年(前523)、二十年。记述了费无极向楚王进谗言，陷害太子建和伍奢一家的经过。他先劝楚王为太子建娶妻，继而怂恿楚王夺妻，再进一步煽动楚王杀建，还打算把太子建的师傅伍奢一家斩尽杀绝。迫使伍员出奔，助吴伐楚，酿成十七年后楚国几乎灭亡的惨剧。作者成功地塑造了一个阴险毒辣的小人形象，揭露了统治阶级的丑恶面目。费无极之流在历史上代不乏人，但都要有昏愦凶残的当权者信任和支持，才有可能酿成祸乱。许多惨痛的历史教训都证明了这一点。

楚子之在蔡也[①]，郹阳封人之女奔之[②]，生大子建[③]。及即位，使伍奢为之师[④]，费无极为少师[⑤]，无宠焉，欲谮诸王[⑥]，曰："建可室矣[⑦]。"王为之聘于秦。无极与逆[⑧]，劝王娶之。正月，楚夫人嬴氏至自秦[9]。

楚子为舟师以伐濮[10]。费无极言于楚子曰："晋之伯也[11]，迩于诸夏；而楚辟陋[12]，故弗能与争。若大城城父[13]，而置大子焉，以通北方，王收南方，是得天下也。"王说，从之。故大子建居于城父。（以上昭公十九年）

【注释】

① 楚子：楚平王。在蔡：即位前曾往蔡国聘问。② 郹(jué)阳：蔡邑，在今河南省新蔡县境。奔：不依礼而娶，即姘居。③ 大(tài)子：太子。④ 伍奢：伍举之子，伍尚、伍员(yún)之父。师：师傅，教导并辅佐太子的官。⑤ 少师：教导和辅佐太子的官，地位低于师。⑥ 谮(zèn)：说坏话诬陷人。⑦ 室：娶妻。⑧ 与逆：参加迎亲。⑨ 楚夫人：即原先为太子建礼聘的秦女。这时已由楚平王自娶，故称夫人。⑩ 舟师：水军。濮(pú)：南方部落名，处于今湖北省石首境内。⑪ 伯：通"霸"。⑫ 辟陋：偏僻而陋小。辟，同"僻"。⑬ 城：筑城。城父：楚邑，在今河南省宝丰县东四十里。

费无极言于楚子曰："建与伍奢将以方城之外叛[1]，自以为犹宋、郑也，齐、晋又交辅之，将以害楚，其事集矣[2]。"王信之，问伍奢。伍奢对曰："君一过多矣[3]，何信于谗？"王执伍奢，使城父司马奋扬杀大子。未至，而使遣之。三月，大子建奔宋。王召奋扬，奋扬使城父人执己以至[4]。王曰："言出于余口，入于尔耳，谁告建也？”对曰：“臣告之。君王命臣曰：‘事建如事余。’臣不佞，不能苟贰⑤。奉初以还⑥，不忍后命，故遣之。既而悔之，亦无及已。”王曰：“而敢来⑦，何也？”对曰：“使而失命，召而不来，是再奸也⑧。逃无所入。”王曰：“归。从政如他日。”

【注释】

①方城：其地为楚北境。参见《齐桓公伐楚》注。②集：成。③一过：一次错误。指夺取为建所聘的秦女。④城父人：城父大夫。⑤苟：随便。贰：怀有二心，即变心。⑥奉初：接受头一次命令。还（xuán）：周旋。⑦而：你。⑧奸：犯。

无极曰：“奢之子材，若在吴，必忧楚国，盍以免其父召之。彼仁，必来。不然，将为患。”王使召之，曰：“来，吾免而父。”棠君尚谓其弟员曰①：“尔适吴，我将归死。吾知不逮②，我能死，尔能报。闻免父之命，不可以莫之奔也；亲戚为戮③，不可以莫之报也。奔死免父，孝也；度功而行，仁也；择任而往，知也；知死不辟，勇也。父不可弃④，名不可废⑤，尔其勉之！相从为愈⑥。”伍尚归。奢闻员不来，曰：“楚君、大夫其旰食乎⑦！”楚人皆杀之。

【注释】

①棠：楚邑，在今河南省遂平县西北。尚：伍尚，伍奢

长子，当时是棠邑大夫。员（yún）：伍员，字子胥，伍奢次子。② 知：同“智”。不逮：不及。③ 亲戚：至亲，指父亲。④ 父不可弃：兄弟一起逃走就是弃父。⑤ 名不可废：兄弟一起殉父，无人报仇，就是弃名。⑥ 愈：好过，胜过。⑦ 旰（gàn）：晚。旰食，晚食。指伍员将与楚国为难，楚国君臣将忙于应付，不能按时吃饭了。

员如吴，言伐楚之利于州于①。公子光曰②：“是宗为戮，而欲反其仇③，不可从也。”员曰：“彼将有他志④，余姑为之求士，而鄙以待之⑤。”乃见鱄设诸焉⑥，而耕于鄙。（以上昭公二十年）

【注释】

① 州于：吴王，名僚。吴王寿梦有四子：诸樊、余祭、夷昧、季札。诸樊为王，传余祭，余祭传夷昧，夷昧死，其庶兄僚立为王。② 公子光：吴王夷昧之子，后杀僚而自立为王，称为阖庐。③ 反其仇：报其仇。④ 他志：别的用心。指想杀僚夺位。⑤ 鄙：乡野。这里用作动词，指居于乡野。⑥ 见：引见。鱄（zhuān）设诸：吴国勇士。设是衬音助词，《公羊传》、《史记》等书作“专诸”。

【翻译】

楚平王到蔡国访问的时候，蔡国郹阳边境官员的女儿和他姘居，生下了太子建。等到平王即位，就派伍奢做太子建的师傅，派费无极做少师，费无极得不到太子宠信，就在平王面前中伤他，说："太子建可以娶媳妇了！"平王就替太子建向秦国送礼求亲。费无极也参加了迎亲，就劝说平王自己娶这个女子。正月，楚平王的夫人嬴氏从秦国来到了楚国。

楚平王建成了水军去攻打濮族，费无极对平王说："晋国能够称霸，是因为他靠近中原；而楚国处在偏远的小地方，所以不能跟晋国争雄。如果大规模在城父筑城，把太子安置在那里，以便跟北方各国交往，君王收服南方各国，这样就可以取得天下了。"平王很高兴，接受了他的意见。所以，太子建就在城父住了下来。

费无极对平王说："太子建和伍奢打算率领方城之外的民众反叛，自以为可以像宋国和郑国那样割据一方，齐国和晋国又一起帮助他，将用他来祸害楚国，事情快要成功了。"平王相信这事，就问伍奢。伍奢回答说："国君错了一次就够严重了，为什么还要听信谗言呢？"平王把伍奢抓起来，又派城父的司马奋扬去杀太子建。奋扬还没有回到城父，却先派人把太子建送走。三月，太子建逃往宋国。平王召奋扬前来，奋扬让城父大夫把自己捆上送到国都。平王说："话出自我的嘴巴，进了你的耳朵，是谁告诉太子建的？"奋扬回答说："是我告诉他的。君王曾经命令我说：'事奉太子要像事奉我一样。'我虽不才，不能随便就变了心。我只能遵从你最初的命令办事，不忍心遵从后来的命令，所以把太子送走了。事后我后悔这样做，也已经来不及了。"平王说："你还敢来见我，为什么？"奋扬回答："接受委派却没有完成使命，召唤又不来，就是第二次犯罪了。我要逃走也无处可容啊！"平王说："回去，还像以前那样处理政事！"

费无极说："伍奢的儿子都很能干，他们要是到了吴国，肯定使楚国担忧，为什么不以赦免他父亲为由召他们来呢？他们都很仁爱，一定会来的。要不然，就会成为祸害了。"平王就派人召他们，说："只要来了，我就赦免你们的父亲。"棠邑的长官伍尚对他的弟弟伍员说："你逃奔吴国，我准备回去送死。我的聪明比不上你，我能为父亲而死，你能替父亲报仇。现在听到可以赦免父亲的命令，这是不能没有人赶去的；至亲被杀，这是不能没有人报仇的。送死而让父亲获释，这是孝；估量事情能成功而去实行，这是仁；挑选能复仇的重任而前往，这是智；明知必死而不逃避，这是勇。父亲不能撇下，名誉也不能毁掉，你努力吧！总比两人相跟着要好些。"伍尚回去了。伍奢听说伍员没有来，就说："楚国的君王和大夫们恐怕要很晚才有工夫吃饭了！"楚王就把伍奢和伍尚都杀了。

伍员到了吴国，对州于陈说攻打楚国的好处。公子光说："这人的家族被杀，所以想报私仇，不能听他的。"伍员说："那个人将有别的用心，我姑且替他物色人才，在乡里住下再等待机会。"于是给公子光引见了鱄设诸，自己却在乡下种田。

二十八、晏婴论“和”与“同”

本篇选自鲁昭公二十年(前522)。“和”与“同”是春秋时期一对含义颇为抽象的常用术语。晏婴用比喻对齐景公作了通俗而形象的说明。“和”就像五味的调和,要有不同的佐料互相调剂;像八音的和谐,要有不同的乐音互相辅济。“同”就像“以水济水”,像“琴瑟之一专”。晏婴还把这个观点推广到君臣关系上面,批评了梁丘据对君王的一味附和。本文把相反相成的道理解说得很透辟,包含着辩证的因素,它对我国古代思想理论方面的贡献是值得重视的。

齐侯至自田①,晏子侍于遄台②,子犹驰而造焉③。公曰:“唯据与我和夫④!”晏子对曰:“据亦同也,焉得为和?”公曰:“和与同异乎?”对曰:“异。和如羹焉⑤,水、火、醯、醢、盐、梅⑥,以烹鱼肉,燀之以薪⑦,宰夫和之⑧,齐之以味⑨;济其不及⑩,以泄其过[11]。君子食之，以平其心。君臣亦然。君所谓可而有否焉，臣献其否以成其可[12]；君所谓否而有可焉，臣献其可以去其否。是以政平而不干[13]，民无争心。故《诗》曰：'亦有和羹，既戒既平。鬷嘏无言，时靡有争[14]。'先王之济五味、和五声也[15]，以平其心，成其政也。声亦如味，一气、二体、三类、四物、五声、六律、七音、八风、九歌[16]，以相成也[17]；清浊、小大、短长、疾徐、哀乐、刚柔、迟速、高下、出入、周疏，以相济也[18]。君子听之，以平其心。心平，德和。故《诗》曰：'德音不瑕[19]。'今据不然。君所谓可，据亦曰可；君所谓否，据亦曰否。若以水济水，谁能食之？若琴瑟之一专，谁能听之？同之不可也如是。"

【注释】

①田：打猎，这里指打猎之处。②遄(chuǎn)台：地名，在今山东省临淄附近。③子犹：齐大夫梁丘据的字。造：到。④和："和"与"同"是春秋时常用的术语，"和"大致指各个不同的方面或不同的因素互相调剂配合得恰如其分，和谐协调。与"同"正相对。用"和谐"与"相同"对译都不够确切，所以沿用不译。⑤羹：以肉为主调和五味(醋、酱、盐、梅、菜)做成的带汁食物。也叫和羹，不加五味的叫大羹。⑥醯(xī)：醋。醢(hǎi)：加肉末做成的酱。梅：梅子。⑦燀(chǎn)：炊煮。⑧和：调和味道。⑨齐：调配比例，使之适中。⑩济：增。⑪泄：减。过：过分，指味道太重。⑫献：进言指出。⑬干：犯。指不违反礼制。⑭"亦有和羹"四句：引自《诗・商颂・烈祖》。戒，备，指五味齐全。

平，和，指味道适中。鬷嘏（zǒng gǔ），《礼记·中庸》引作“奏假”。奏，进献。假，至，指神至。无言，指肃敬。⑮ 济：助成，这里是相辅相成的意思。五味：甜、酸、苦、辣、咸五种味道。五声：中国五声音阶中宫、商、角、徵、羽五个音级。⑯ 一气：指声音要用气发动。二体：指文舞和武舞。古代奏乐多用舞蹈配合，文舞执羽籥，武舞执干戈。三类：指《诗》中的风、雅、颂。四物：四方之物，指乐器有金、石、土、革、丝、竹、匏、木等种类，须用四方之物制成。五声：即五音。六律：指黄钟、大簇（tài cù）、姑洗、蕤（ruí）宾、夷则、无射（yì）六种乐律，用来分别乐调的高低。七音：宫、商、角、徵、羽、变宫、变徵七种音阶。八风：八方之风。九歌：歌九功之德。九功指水、火、木、金、土、谷、正德、利用、厚生。⑰ 以相成也：指以上九个方面的事物相合然后才能成为和谐的音乐。⑱ 以相济也：清浊、大小等等都是各自相反的各个方面。这里指相反相对的声音互相调和，和而不同才能成为曲调。⑲ 德音不瑕：引自《诗·豳风·狼跋》。德音，原指美好的声誉。本篇引《诗》，断章取义，借指美好的音乐。瑕，玉上面的疵斑，引申为缺陷。

【翻译】

齐景公从打猎的地方回到国都，晏子在遄台陪侍，梁丘据也驾着车子赶到了那里。景公说：“只有梁丘据跟我‘和’啊！”晏子回答说：“梁丘据也只是‘同’罢了，哪能说是‘和’呢？”景公说：“‘和’跟‘同’不一样吗？”晏子回答说：“不一样。‘和’跟肉羹的道理一样。水、火、醋、酱、盐、梅，用来烹调鱼和肉，用柴火烧煮，厨夫把味道调配得恰到好处;味道不够就增加调料,味道过重就加水冲淡。君子吃了这种肉羹,用来平和心性。君臣关系也是这个道理。君王认为对的,其中也包含了不对的成分,臣子进言指出其中的不对而使对的部分完善起来;君王认为不对的,其中也包含了对的成分,臣子进言指出其中对的而去掉不对的成分,因此政令平和而不违反礼制,百姓没有争斗之心。所以《诗》上说:'还有调和的好肉羹,味道齐全又适中。敬献神明来享用,团结和睦无争讼。'先王使五味互相调济,五声谐和动听,用来平和心性,助成政教。音乐的道理也和味道的道理一样,由一气、二体、三类、四物、五声、六律、七音、八风、九歌等各个方面互相配合,由清浊、大小、长短、缓急、哀乐、刚柔、快慢、高低、出入、疏密等等各自相反的因素互相辅济。君子听了这些和谐的音乐,可以平和心性;心性平和,德行就协调。所以《诗》上说:'美好的音乐无缺陷。'现在梁丘据不是这样。君王认为对的,他也说对。君王认为错的,他也说错。好像用水来调和水,谁能够吃它呢?又好像琴瑟老是弹一个音调,谁喜欢听它呢?不应该'同',就像这个道理。"

二十九、鱄设诸刺吴王僚

本文选自鲁昭公二十七年(前 515)。吴公子光使鱄设诸刺杀吴王僚,这是吴国统治阶级内部争夺王位而引起的一场宫廷政变。

这篇短文用极简练的笔墨,把这场政变描绘得扣人心弦。写鱄设诸回答公子光,只用“王可弑也”一句,两人如何谋划,如何准备,都略去不提,让读者产生悬念。下面写公子光“伏甲于堀室而享王”,而吴王僚也早有戒备,沿路安排了甲士,门阶户席,处处设防,对每一个细微的环节都作了极周密的布置,使读者感到对方已无隙可乘。最后却峰回路转,鱄设诸鱼腹抽剑,一刺成功。文章写得波澜起伏,故事结局又出人意外。

吴子欲因楚丧而伐之①,使公子掩余、公子烛庸帅师围潜②,使延州来季子聘于上国③,遂聘于晋,以观诸侯。……吴公子光曰:“此时也,弗可失也。”告鱄设诸曰[4]：“上国有言曰：‘不索，何获？’我，王嗣也[5]，吾欲求之。事若克，季子虽至，不吾废也。”鱄设诸曰：“王可弑也。母老、子弱[6]，是无若我何[7]？”光曰：“我，尔身也[8]。”

【注释】

① 吴子：吴王僚。楚丧：指去年九月楚平王之死。② 公子掩余、公子烛庸：都是吴王僚的同母兄弟。潜：楚地，在今安徽省霍山县东北。③ 延州来季子：季札。上国：指中原诸国。④ 鱄设诸：吴国力士。见《伍员奔吴》。⑤ 王嗣：王位的继承人。吴王夷昧死，僚作为他的庶兄而继位为吴王。公子光是夷昧嫡子，他认为自己才是王嗣。⑥ 弱：幼小。⑦ 是无若我何：倒装句，犹言“我无若是何”。即“我对这个问题（母老子弱）怎么办？”这是把母子托给公子光照顾。⑧ 身：自身，自己。

夏四月，光伏甲于堀室而享王[1]。王使甲坐于道，及其门。门、阶、户、席，皆王亲也[2]，夹之以铍[3]。羞者献体改服于门外[4]，执羞者坐行而入[5]。执铍者夹承之，及体[6]，以相授也。光伪足疾，入于堀室。鱄设诸置剑于鱼中以进，抽剑刺王，铍交于胸[7]，遂弑王。阖庐以其子为卿[8]。

【注释】

① 堀室：即窟室，地下室。享：宴请。② 王亲：王的亲兵。

③ 铍(pī):剑的一种。④ 羞:进献(食品)。献体:脱衣露体。⑤ 羞:食品。执羞者即上文的"羞者"。都是送食物的人。坐行:膝行。古人双膝着地而坐,所以称双膝着地而行为坐行。⑥ 及体:指剑尖挨着身体。⑦ 铍交于胸:鱄设诸抽剑刺王时,甲士的铍也从两边交叉刺进了他的胸部。说明双方动作迅捷异常。⑧ 阖(hé)庐:即公子光。即位为吴王后称阖庐。

【翻译】

吴王僚想趁着楚国有丧事而去攻打楚国,派公子掩余和公子烛庸带领军队包围潜邑,又派季札到中原各国访问,接着又访问晋国,以察看各国的情况。……吴公子光说:"这是时机,不能错过了。"他告诉鱄设诸说:"中原各国有这样的话:'不去寻求,怎么能得到?'我是王位的继承人,我就想得到这个位置。事情要是成功了,季札即使回来,也不会废掉我的。"鱄设诸说:"王是能杀掉的,不过我母亲年老孩子小,我对这个问题怎么办呢?"公子光说:"我就是你自己啊!"

夏季四月,公子光让穿了盔甲的士兵埋伏在地窖里而宴请吴王。吴王僚也派了披甲的士兵沿路坐着一直到公子光的大门。门口、堂阶、里门到坐席,全是王僚的亲兵,都拿着剑夹在两边保卫。送菜的人脱衣露体到了大门外才换上另外的衣服,再跪着走进去。拿剑的人在两边夹着他,剑尖直挨到送菜人的身子,然后再递给端菜的人送上去。这时,公子光假装有脚病,躲入地窖。鱄设诸把短剑藏在烧全鱼的肚子里端了进来,抽出剑来刺吴王,两边的剑也交叉刺入了鱄设诸的前胸,就这样杀死了吴王僚。吴王阖庐就封鱄设诸的儿子做了卿。

三十、申包胥如秦乞师

本文选自鲁定公四年(前 506)。这一年,吴王阖庐大举进攻楚国,五战五胜,占领了楚国建都约二百年的郢城,楚昭王也被迫流亡。申包胥假托昭王之命到秦国求救,对秦哀公申说吴灭楚之害和秦救楚之利,立于秦庭哭了七天七夜。他的爱国赤诚终于感动了秦哀公,秦国出兵击败吴国而使楚国免于沦亡。作者以赞赏的态度记述了这件事,“哭秦庭”的故事也一直被后人广为传诵。

初,伍员与申包胥友①。其亡也,谓申包胥曰:“我必复楚国②。”申包胥曰:“勉之!子能复之,我必能兴之。”及昭王在随③,申包胥如秦乞师④,曰:“吴为封豕长蛇⑤,以荐食上国⑥,虐始于楚⑦。寡君失守社稷,越在草莽⑧,使下臣告急曰⑨:‘夷德无厌⑩,若邻于君⑪,疆埸之患也⑫。逮吴之未定⑬,君其取分焉。若楚之遂亡，君之土也。若以君灵抚之，世以事君。’”秦伯使辞焉，曰：“寡人闻命矣。子姑就馆，将图而告。”对曰：“寡君越在草莽，未获所伏⑭，下臣何敢即安⑮？”立，依于庭墙而哭，日夜不绝声，勺饮不入口七日。秦哀公为之赋《无衣》⑯。九顿首而坐。秦师乃出。

【注释】

① 申包胥：楚大夫，申是他的食邑，包胥是字。② 复：通“覆”，颠覆。③ 昭王：楚昭王，名壬，一名轸，楚平王之子，为原先替太子建聘娶的秦女所生。楚郢都被吴国攻陷，昭王流亡到随国。④ 如：往。⑤ 封：大。豕（shǐ）：猪，此指野猪。⑥ 荐：屡次。上国：指中原各国。⑦ 虐：侵害。⑧ 越：流亡。⑨“使下臣”句：这是申包胥假托受楚昭王委派。⑩ 夷：指吴国。厌：满足。⑪ 若邻于君：指要是吴国吞并了楚国，吴国就跟秦国接邻。⑫ 疆埸（yì）：边疆。⑬ 逮：及，正当。⑭ 伏：藏。所伏，藏身之地。⑮ 即安：到安适的地方去，指“就馆”。⑯《无衣》：《诗·秦风》篇名，诗中有“王于兴师，修我戈矛，与子同仇”和“修我甲兵，与子偕行”的话。秦哀公赋这首诗，是答应出兵的表示。

【翻译】

当初，伍员跟申包胥交朋友。伍员出逃的时候，对申包胥说：“我一定要颠覆楚国。”申包胥说：“努力吧！您能颠覆它，我就一定能使它复兴。”到了昭王在随国的时候，申包胥到秦国请求出兵，他说：“吴国是大猪长蛇，一次又一次地侵害中原各国，侵害是从楚国开始的。我们国君不能保住国家，流落在荒林草野之中，派遣下臣前来报告危急情况，说：‘夷蛮的德性是永不知足的，要是它跟君王接境，那就是边界的祸害了。趁着吴国还没有安定局面，您跟吴国共分楚国吧！要是楚国就这样灭亡了，它就是君王的领土了。要是借君王的威灵来安抚楚国，我们将世世代代事奉君王。’”秦哀公叫人谢绝他说：“我们国君听到吩咐了。您请暂时住进宾馆休息，我们将商议之后再告诉您。”申包胥回答说：“我们国君流落在荒林草野，还没有存身之处，我怎么敢到安逸的住所去呢？”于是站起来靠着院墙痛哭，日日夜夜哭声不断，一连七天不喝一勺水。秦哀公就为他赋了《无衣》这首诗。申包胥叩了九个头才坐下来。秦国军队就出发了。

三十一、齐鲁夹谷之会

本文选自鲁定公十年(前500)。齐、鲁会盟,齐国恃强凌弱,先是用武力劫持鲁君,后来又把无理要求强加于盟誓,最后企图举行享礼另生枝节。孔丘相会,处处同齐国作了针锋相对的斗争,维护了国家的尊严。从本文可以看到孔丘杰出的外交才能和他的知礼而有勇的生动形象。

十年春,及齐平。

夏,公会齐侯于祝其①,实夹谷。孔丘相②。犁弥言于齐侯曰③:“孔丘知礼而无勇,若使莱人以兵劫鲁侯④,必得志焉。”齐侯从之。孔丘以公退,曰:“士兵之⑤!两君合好,而裔夷之俘以兵乱之⑥,非齐君所以命诸侯也。裔不谋夏,夷不乱华,俘不干盟,兵不偪好。于神为不祥,于德为愆义⑦,于人为失礼,君必不然。”齐侯闻之,遽辟之⑧。

将盟，齐人加于载书曰⑨：“齐师出竟而不以甲车三百乘从我者⑩，有如此盟！”孔丘使兹无还揖⑪，对曰：“而不反我汶阳之田、吾以共命者⑫，亦如之！”

【注释】

① 公：鲁定公。齐侯：齐景公。祝其：又名夹谷，在今山东省莱芜夹谷峪。② 相：任傧相，主持会议仪节。③ 犁弥：齐大夫。④ 莱：姜姓国，现今山东省龙口。鲁襄公六年（前567）为齐国所灭。夹谷大约是莱人流落之地。⑤ 士兵之：命令士兵们拿起武器抗击莱人。⑥ 裔夷：边远的夷人。裔，指夏以外的地方。夷，指华以外的民族。俘：俘虏，莱被齐国消灭，所以用俘称呼他们。⑦ 愆：伤害。⑧ 遽（jù）：急。辟之：使之避开。之，指莱人。⑨ 载书：盟约。⑩ 出竟：指出境作战。⑪ 兹无还：鲁大夫。⑫ 共命：供给齐国之命，指“以甲车三百乘从”。

齐侯将享公。孔丘谓梁丘据曰①：“齐、鲁之故②，吾子何不闻焉？事既成矣，而又享之，是勤执事也。且牺、象不出门③，嘉乐不野合④。飨而既具⑤，是弃礼也；若其不具，用秕稗也⑥。用秕稗，君辱；弃礼，名恶。子盍图之！夫享，所以昭德也⑦。不昭，不如其已也。”乃不果享⑧。

齐人来归郓、讙、龟阴之田⑨。

【注释】

① 梁丘据：齐景公的宠臣。② 故：旧典。③ 牺、象：牺

尊和象尊，两种象兽形的贵重酒器。不出门：指只在朝会和庙堂使用。④ 嘉乐：钟磬。⑤ 具：齐备。⑥ 秕(bǐ)：不饱满的谷物。稗(bài)：像禾的杂草。⑦ 昭：光大。⑧ 果：实现。⑨ 郓(yùn)、讙(huān)、龟阴：三邑都在汶水北岸，即"汶阳之田"。

【翻译】

鲁定公十年的春天，鲁国跟齐国讲和。

夏季，鲁定公和齐景公在祝其会盟，祝其就是夹谷。孔丘担任傧相。犁弥对齐景公说："孔丘懂得礼仪却没有勇气，如果派莱人用武力绑架鲁侯，一定能达到目的。"齐景公照他的话办了。孔丘领着鲁定公往后退。说："士兵快攻击他们！两国友好会见，边远的夷人俘虏却用武力来捣乱，这不是齐君会合诸侯的本意。边远的人不得计算中国，东夷之辈不能扰乱中华，俘虏不能冲击盟会，武力不能侵逼友好。这么做，对神明来说是不吉利，对德行来说是伤害义理，对人来说是违背礼节，齐君一定不会这样的。"齐景公听了，急忙叫莱兵退走。

将要进行盟誓了，齐国人在盟书上擅自加上这样的话："齐国军队一出国境作战，而鲁国要是不派三百辆兵车来跟随我们，听凭盟约惩罚。"孔丘让兹无还作揖，回答说："如果你们不归还我们汶水北岸的田地，我们却用三百辆兵车供给齐国，也听凭盟约惩罚。"

齐景公打算设享礼款待鲁定公。孔丘对梁丘据说："齐、鲁两国的旧典，您为什么没有听说过呢？盟会的事已经结束了，却还设享礼款待，这就是让办事人员辛苦了。

况且牺尊、象尊不出国门，钟磬不在野外合奏。设享礼而牺象钟磬全部齐备，这就违背了礼仪；如果这些不齐备，那就是用秕稗来款待国君。用秕稗款待，有辱齐君；违背礼仪，名声败坏。您为什么不想一想呢？至于举行享礼，那是用来光大德行的。不能够光大德行，还不如不举行。”齐景公最终还是没有举行享礼。

这年冬天，齐国人向鲁国归还了郓、讙、龟阴这三邑的田地。

三十二、伍员谏许越平

本文选自鲁哀公元年(前494)。鲁定公十四年(前496),吴王阖庐伐越,兵败身死。他的儿子夫差继位,立志报仇。两年之后,越国被打败而求和。伍员看出了越国保存力量、伺机再起的用心,引证少康灭过的古事,对比吴、越两国情势,预言吴不灭越,将来越必灭吴。但是,夫差不听劝谏,跟越国讲和。此后,夫差野心勃勃,经营霸业,对外无止境地扩张,在国内贪图逸乐,结果民力物力消耗殆尽。越王勾践却刻苦自励,重振了国威,二十年之后终于把盛极一时的吴国灭亡了。这段历史,很能发人深思。

吴王夫差败越于夫椒①,报槜李也②。遂入越。越子以甲楯五千保于会稽③,使大夫种因吴大宰嚭以行成④。吴子将许之。伍员曰:“不可。臣闻之:‘树德莫如滋,去疾莫如尽⑤。’昔有过浇杀斟灌以伐斟郚[6]，灭夏后相[7]。后缗方娠[8]，逃出自窦[9]，归于有仍[10]，生少康焉。为仍牧正[11]，惎浇能戒之[12]。浇使椒求之[13]，逃奔有虞[14]，为之庖正[15]，以除其害[16]。虞思于是妻之以二姚[17]，而邑诸纶[18]。有田一成[19]，有众一旅[20]，能布其德而兆其谋[21]，以收夏众，抚其官职。使女艾谍浇[22]，使季杼诱豷[23]，遂灭过、戈，复禹之绩，祀夏配天，不失旧物[24]。今吴不如过，而越大于少康，或将丰之[25]，不亦难乎？勾践能亲而务施，施不失人，亲不弃劳。与我同壤[26]，而世为仇雠。于是乎克而弗取，将又存之，违天而长寇仇，后虽悔之，不可食已[27]。姬之衰也[28]，日可俟也。介在夷蛮而长寇仇[29]，以是求伯[30]，必不行矣。”弗听。退而告人曰：“越十年生聚[31]，而十年教训[32]，二十年之外，吴其为沼乎[33]！”三月，越及吴平。

【注释】

① 夫差：吴王阖庐之子。越：姒姓国，子爵。国都会稽，即今浙江省绍兴。夫椒：越地，在今绍兴东北。② 檇(zuì)李：越地，在今绍兴北。鲁定公十四年，吴国在檇李被越国打败，吴王阖庐受伤而死。③ 越子：越君勾践。楯：同“盾”。会稽：山名，在越都东南。④ 种：姓文，名种，楚国南郢人，在越为大夫。嚭(pǐ)：伯嚭，伯州犁之孙。⑤ “树德”二句：后被采入伪古文《尚书·泰誓》，作“树德务滋，除恶务本”。⑥ 有过：古过国，“有”是名词前缀。浇：过国的国君。传说夏朝衰微的时候，有穷氏后羿取代了夏朝政权，任用寒浞。寒浞杀了后羿而跟后羿的妻妾生了浇和豷

(yì),把浇和豷分别封为过国和戈国的国君。斟灌、斟鄩:都是夏的同姓诸侯。⑦ 夏后相:夏朝的国君,传说是禹的曾孙,失国后依附于斟灌和斟鄩。⑧ 后缗(mín):相的妻子。娠(shēn):怀孕。⑨ 窦(dòu):孔穴。⑩ 有仍:古诸侯国。后缗是有仍氏之女。⑪ 牧正:牧官。⑫ 惎(jì):仇恨。戒:防备。⑬ 椒:浇的臣子。⑭ 有虞:姚姓诸侯国,国君虞思,传说是虞舜之后。虞国在今河南省虞城县。⑮ 庖(páo)正:管膳食的官。⑯ 除:免除。其:指少康。除其害,能逃避对自己的杀害。⑰ 二姚:有虞国国君虞思的两个女儿,虞是姚姓国,所以称为二姚。⑱ 邑诸纶:封他在纶邑。纶在今河南省虞城县东南。⑲ 成:十平方里为一成。⑳ 旅:五百人为一旅。㉑ 兆:开始。㉒ 女艾:少康的臣子。㉓ 季杼:少康之子。豷(yì):浇之弟,戈国国君。㉔ 旧物:指夏代原来的典章制度。㉕ 丰:壮大。㉖ 同壤:同处一方之地。指两国为邻。㉗ 食:消。已:语气词。不可食已,指悔恨在心而不能消除。㉘ 姬:姬姓国家,指吴国。㉙ 介:在……中间。夷蛮:指楚国和越国。㉚ 伯:通"霸"。㉛ 生聚:生民聚粮。㉜ 教训:教育训练。㉝ 为沼:指国家灭亡,宫室毁弃而变成一片荒湖。

【翻译】

吴王夫差在夫椒打败了越军,这是报了槜李之仇。接着进入越国。越王率领五千名披甲拿盾的士兵把守会稽山,又派了大夫文种通过吴国太宰伯嚭去求和。吴王准备同意了。伍员说:"不能这么办。我听说:'树立仁德不如不断增加,去掉病痛不如干净彻底。'古时候过国的国君浇，杀掉了斟灌又去攻打斟鄩，灭了夏后相。相的夫人后缗正怀着身孕，从墙洞里逃了出来，回到仍国，在那里生下少康。少康后来当了仍国的牧正，少康仇恨浇，又能处处防备他。浇派了椒去抓少康，少康就逃到了虞国，当了虞国的庖正，得以免除浇的杀害。虞的国君思因此把两个女儿嫁给他，把他封在纶邑。这时候，他有十平方里的土地，有五百名士兵，能够广施德政，还开始执行了他的计划，用来收聚夏朝的遗民，安抚他的属官。少康派女艾去刺探浇，派季杼去引诱豷，因而灭掉了过国和戈国，复兴了夏禹的功业，祭祀夏朝的祖先并祀享天帝，恢复了原来的典章制度。现在吴国比不上过国，而越国却比少康强大，也许它还要继续壮大起来，要是吴国还跟它讲和，不也是很难对付吗？勾践能够爱人并且极力施舍恩惠，施舍恩惠而不漏掉该得到的人，爱护民众而不忘记有功的人。越国跟我国同在一方的土地上，却世世代代是冤家对头。这时候打胜而不占领，打算还保存它，违背天意而助长仇敌。将来即使后悔，也无法消除了。姬姓国家的衰亡，指日可待了。吴国处在夷蛮之间又助长仇敌，想用这种办法来取得霸主地位，一定是行不通的。”吴王不听他的话。伍员出来告诉旁人说：“越国用十年时间生民聚财，用十年时间教育训练，二十年之后，吴国的都城大概要变成荒湖了！”三月，越国跟吴国讲和了。

三十三、楚白公之乱

本文选自鲁哀公十六年(前 479)。白公的父亲被郑国杀了,白公因为楚令尹子西不答应他伐郑报仇的要求,怀恨在心而发动了叛乱。结果令尹子西、司马子期和楚惠王的叔父子闾被杀,惠王被人背着从墙洞里逃出才幸免于难。后来叶公进入国都,说服叛将,率领国人打败白公,这场祸乱才平息下来。本文筛选出与事件有关的主要人物和主要情节,原原本本、有条不紊地记述了事件的全部经过,行文清晰而细密。

作者描写叶公这位在平乱中举足轻重的人物,用国人问他“君胡不胄”和“君胡胄”这种截然相反的话,显示他在危急关头深得民望。手法巧妙,也增加了文章的情趣。描摹白公、子西和石乞等人个性化的口吻,只用寥寥几笔,就把这几个人物刻画得形神毕肖。

楚太子建之遇谗也，自城父奔宋①；又辟华氏之乱于郑②。郑人甚善之。又适晋，与晋人谋袭郑，乃求复焉。郑人复之如初。晋人使谍于子木③，请行而期焉④。子木暴虐于其私邑，邑人诉之。郑人省之⑤，得晋谍焉，遂杀子木。

【注释】

①“楚太子建”二句：鲁昭公十九年（前523），楚平王为太子建聘娶秦女，费无极见秦女貌美，劝平王自娶。平王让太子建出居城父。费无极又诬陷太子建谋反，平王派人杀建，建自城父奔宋。参见《伍员奔吴》。② 华氏之乱：指鲁昭公二十年（前524）宋华定、华亥等杀宋群公子，劫持宋元公。③ 谍：间谍。子木：太子建的字。④ 期：约定。指约定袭郑的日期。⑤ 省（xǐng）：察看。

其子曰胜，在吴。子西欲召之，叶公曰①：“吾闻胜也诈而乱，无乃害乎？”子西曰：“吾闻胜也信而勇，不为不利。舍诸边竟，使卫藩焉②。”叶公曰：“周仁之谓信③，率义之谓勇④。吾闻胜也好复言⑤，而求死士，殆有私乎⑥？复言，非信也⑦；期死，非勇也⑧。子必悔之！”弗从，召之，使处吴竟⑨，为白公。

请伐郑，子西曰：“楚未节也⑩。不然，吾不忘也。”他日又请，许之。未起师，晋人伐郑。楚救之，与之盟。胜怒，曰：“郑人在此，仇不远矣⑪。”

【注释】

① 叶公：即沈诸梁，字子高。② 卫：保卫。藩：篱笆，引申为边境。③ 周：符合。④ 率：遵循。⑤ 复言：言出必行。指胜说过的话就一定去实行，而不管是否合理。⑥ 殆：恐怕，大概。⑦“复言”二句：言出必行不一定就是信。指履行违反仁爱的话，就不能称做信。⑧“期死”二句：不怕死不一定就是勇敢。指行动要符合道义才算勇敢。⑨ 吴竟：楚与吴国接界的边境。⑩ 节：法则，正规。未节，还没有走上正轨。⑪“郑人”二句：郑人与胜有杀父之仇，郑人即指仇人。子西救郑并且与郑国结盟，所以白公把子西看作像郑国一样的仇人。

胜自厉剑①，子期之子平见之，曰：“王孙何自厉也②？”曰：“胜以直闻，不告女，庸为直乎③？将以杀尔父。”平以告子西④。子西曰：“胜如卵，余翼而长之。楚国，第我死⑤，令尹、司马，非胜而谁？”胜闻之，曰：“令尹之狂也！得死⑥，乃非我。”子西不悛⑦。

胜谓石乞曰⑧：“王与二卿士⑨，皆五百人当之⑩，则可矣。”乞曰：“不可得也。”曰：“市南有熊宜僚者，若得之，可以当五百人矣！”乃从白公而见之⑪。与之言，说。告之故⑫，辞。承之以剑，不动。胜曰：“不为利谄⑬，不为威惕⑭，不泄人言以求媚者。”去之。

【注释】

① 厉：同“砺”，磨。② 王孙：胜是楚平王之孙，所以称他为王孙。③ 庸：反诘副词，难道。④“平以告”句：子西为令尹，故平未告己父而告子西。⑤ 第：假设连词，如果。⑥ 得死：得到善终。⑦ 悛：觉悟。⑧ 石乞：白公的党徒。⑨ 二卿士：指令尹子西和司马子期。⑩ 皆：总共的意思。⑪ 从白公：让白公跟着。⑫ 故：事情。指杀王和二卿的事。⑬ 谄：动心。⑭ 惕：惧怕。

吴人伐慎①，白公败之。请以战备献②，许之，遂作乱。秋七月，杀子西、子期于朝，而劫惠王③。子西以袂掩面而死④。子期曰：“昔者吾以力事君，不可以弗终。”抉豫章以杀人而后死⑤。石乞曰：“焚库、弑王。不然，不济。”白公曰：“不可。弑王不祥，焚库无聚⑥，将何以守矣？”乞曰：“有楚国而治其民，以敬事神，可以得祥，且有聚矣，何患？”弗从。

【注释】

① 慎：楚邑，在今安徽省颍上县北。② 战备：指缴获吴国的武器物资。③ 惠王：楚昭王之子，名章。④ 袂(mèi)：衣袖。子西用衣袖遮脸而死，表示愧对国人，因为白公之乱他应负主要责任。⑤ 抉(jué)：拔取。豫章：木名，即樟树。⑥ 聚：指物资。

叶公在蔡①，方城之外皆曰："可以入矣②。"子高曰："吾闻之，以险徼幸者③，其求无餍④，偏重必离⑤。"闻其杀齐管脩也⑥，而后入。

白公欲以子闾为王⑦，子闾不可，遂劫以兵。子闾曰："王孙若安靖楚国，匡正王室，而后庇焉⑧，启之愿也，敢不听从？若将专利以倾王室，不顾楚国，有死不能。"遂杀之，而以王如高府⑨。石乞尹门⑩。圉公阳穴宫⑪，负王以如昭夫人之宫⑫。

【注释】

① 蔡：国名，国都在今河南省新蔡县。这时蔡都已迁州来，蔡地已被楚国占有。② 入：指进入郢都平乱。③ 以险徼幸：靠冒险求得偶然的成功。徼（yāo），求取。④ 餍（yàn）：满足。⑤ 偏重：指偏重于贪求。离：指百姓离心。⑥ 管脩：齐国的贤大夫，管仲七世孙。⑦ 子闾：名启，楚平王之子，昭王之兄。鲁哀公六年（前489），昭王死前曾让位于子闾。子闾"五辞而后许"，但紧接着又辞位，迎立昭王之子熊章为楚惠王。⑧ 庇：庇护。指庇护百姓。⑨ 高府：楚别府，即正宫以外的宫室。⑩ 尹：管理，这里指看管。⑪ 圉公阳：楚大夫。穴：穿，穿洞。⑫ 昭夫人：楚昭王的夫人，惠王的母亲。

叶公亦至，及北门，或遇之①，曰："君胡不胄②？国人望君，如望慈父母焉。盗贼之矢若伤君，是绝民望也，若之何不胄？"乃胄而进。又遇一人，曰："君胡胄？国人望君，如望岁焉③，日日以几④。若见君面⑤，是得艾也⑥。民知不死，其亦夫有奋心，犹将旌君以徇于国⑦，而又掩面以绝民望，不亦甚乎！”乃免胄而进。遇箴尹固帅其属⑧，将与白公⑨。子高曰：“微二子者⑩，楚不国矣。弃德从贼⑪，其可保乎？”乃从叶公。使与国人以攻白公，白公奔山而缢，其徒微之⑫。生拘石乞而问白公之死焉⑬。对曰：“余知其死所，而长者使余勿言⑭。”曰：“不言，将烹！”乞曰：“此事克则为卿，不克则烹，固其所也，何害？”乃烹石乞。王孙燕奔頯黄氏⑮。

沈诸梁兼二事⑯。国宁，乃使宁为令尹⑰，使宽为司马⑱，而老于叶⑲。

【注释】

① 或：无定指代词，有人，某人。② 胡：为什么。胄：用作动词，指戴上头盔。③ 岁：一年的收成。④ 几：通“冀”，盼望。⑤ 若见君面：古代的头盔是把两边面颊也遮掩起来的，所以希望他不戴头胄，让国都的人都能看到他的面容。⑥ 艾：安定。⑦ 旌：表彰，宣扬。徇（xún）：遍告，使众所周知。⑧ 箴尹固：楚臣。⑨ 与：助。⑩ 微：连词，“要不是”的意思。二子：指子西和子期，他们在抗击吴军的战争中都立过大功。⑪ 德：有德的人，指子西、子期。贼：指白公。⑫ 微：藏匿。微之，指藏好白公的尸体。⑬ 死：指尸体。⑭ 长者：指白公。⑮ 王孙燕：白公胜的弟弟。頯（kuí）黄氏：吴国地名，在今安徽宣城市境。⑯ 二事：指任令尹和司马。⑰ 宁：子西之子，字子国。⑱ 宽：子期之子。⑲ 叶：

叶公的采邑，在今河南省叶县。

【翻译】

楚国太子建遭到谗言的时候，从城父逃往宋国。又到郑国去躲避宋国华氏之乱。郑国人待他很好。后来太子建又去了晋国，跟晋国人谋划袭击郑国，于是请求回到郑国来。郑国人让他回来，并且像以前一样待他。晋国派间谍到太子建这儿来，间谍辞行的时候和他约定了偷袭郑国的日期。太子建在他的封邑里做了许多凶恶残暴的事，封邑的人告发了他。郑国人来调查，抓了晋国间谍，就把太子建杀了。

太子建的儿子叫做胜，住在吴国。子西打算召他回楚国，叶公说："我听说胜这个人狡诈十足而又喜欢惹是生非，恐怕对楚国有害吧？"子西说："我听说胜这个人诚信而且勇敢，不做不利于别人的事情。安置他到边境上去，让他守卫楚国的边防。"叶公说："符合仁道才能叫做诚信，遵循正义才能叫做勇敢。我听说胜这个人喜欢说了话就去实行，而且招纳不怕死的武士，恐怕是有野心吧？言出必行，不一定就是诚信；期望去死，不一定就是勇敢。要是他回到楚国，您一定会后悔的！"子西不听，召回了胜，让他住在靠近吴国的边境，称为白公。

白公要求讨伐郑国，子西说："楚国还没有走上正轨。要不是这样，我不会忘记这件事的。"过了些日子，白公又请求伐郑，子西答应了。楚国还没有出兵，晋国就攻打郑国。楚国却去救援，并且跟郑国结了盟。白公很生气，说："郑国人就在这里，仇人离我不远了。"

白公亲自磨剑。子期的儿子平看见了,问他:“您为什么亲自磨剑呢?”白公说:“我是以爽直出了名的,要是不告诉你,还算得上爽直吗?我将要用它来杀你的老子。”平把他的话告诉了子西。子西说:“胜好比是蛋,我用翅膀盖着他长大。在楚国,假如我死了,令尹、司马不是胜还是谁呢?”白公听到了子西的话,说:“令尹太狂妄了!他要得到好死,我就不是我了。”子西却还不醒悟。

白公对石乞说:“楚王和两位卿士,总共有五百人对付他们,这就足够了。”石乞说:“这五百人是得不到的。”石乞还说:“市场南边有个叫熊宜僚的,如果找到他,能抵得上五百人了!”就让白公跟着他去找熊宜僚。跟熊宜僚交谈起来,白公很高兴。白公把要杀王和二卿的事情告诉他,熊宜僚拒绝了。白公把剑搁在他的脖子上,熊宜僚也不动。白公说:“不因为利禄而动心,不因为威逼而惧怕,这样的人是不会泄露别人的话去讨好的。”于是就离开这里了。

吴国人来攻打慎邑,白公把他们打败了。白公请求把缴获的战争装备送到郢都献纳,楚惠王答应了,白公就趁机发动叛乱。秋季七月里,在朝廷上杀死了子西和子期,并且劫持了楚惠王。子西用衣袖遮脸而死。子期说:“过去,我靠了勇力侍奉国君,不能有始无终。”就拔起一根樟木,用它杀了敌人然后死去。石乞说:“烧掉仓库,杀掉惠王。要不然,事情成功不了。”白公说:“不能这么干。杀掉惠王会不吉利,烧了仓库会没有粮草物资,还靠什么来防守呢?”石乞说:“你取得楚国之后好好治理百姓,用严肃慎重的态度事奉神明,就能够得到吉利,而且也会有粮草物资了,还担心什么?”白公不听他的话。

叶公住在蔡地，方城之外的人都劝他说："您可以进入国都了。"叶公说："靠冒险来求得偶然成功的，他的贪求不会满足，偏重贪求就一定会脱离百姓。"听到白公杀了齐国大夫管脩，叶公这才进入郢都。

白公想立子闾做楚王，子闾不同意，白公就用兵器胁迫他。子闾说："您如果能安定楚国，扶正王室，然后庇护百姓，这就是我的愿望了，我怎么敢不服从您呢？要是只顾私利而使王室倾覆，不顾楚国，我宁死也不能服从。"白公就把子闾杀了，带着惠王去到高府。石乞看管高府的大门。圉公阳在高府墙上打了个洞，背起惠王，到昭夫人的宫里去了。

叶公也到了郢都，走到北门，有人遇见他，就说："您为什么不戴上头盔？都城的人们盼您，好像盼望慈爱的父亲母亲。叛贼的箭要是伤了您，这就断送老百姓的希望了，您为什么不戴上头盔呢？"叶公就戴上头盔走进北门。又碰上一个人，说："您为什么戴了头盔？都城的人们盼望你，就像盼望好年成一样，天天都在期望着。如果能看到您的面容，大家心里就能踏实了。百姓知道还有生的希望，那样也就有了奋战的决心，还会宣扬您并且通告全城。而您却遮了脸让老百姓绝望，不是太过分了吗？"叶公就脱了头盔往前走。叶公遇上箴尹固带着他的部下，打算去帮助白公。叶公说："要是没有子期、子西两位，楚国就不能成为一个国家了。你背弃有德的人而跟随叛贼，难道能得到保障吗？"箴尹固就跟随叶公。叶公派箴尹固帮助国都的民众去攻打白公，白公逃到山里上吊自杀，他的部属把尸首藏了起来。叶公活捉了石乞而向他追问白公尸首的下落。石乞回答说："我知道他尸首隐藏的地方，可是白公叫我不要说出来。”叶公说:“不说出来,就煮了你!”石乞说:“这种事成功了就能做卿,不成功就被煮,本来是当然的结局,有什么要紧?”叶公就煮了石乞。王孙燕逃到頯黄氏去了。

叶公兼任令尹和司马两个职务。国家安定之后,就让宁当了令尹,让宽当了司马,自己却在叶邑养老。

编 后 记

2011年我社出版了“古代文史名著选译丛书(134种)”,该丛书是由全国高校古籍整理委员会主持,汇集北京大学、复旦大学等十八所高校古籍所专家学者力量完成的一部高水平、高质量的传统文化普及读物。出版后也得到了读者认可,获得业内好评。

该丛书于2016年入选国家新闻出版广电总局评选的“首届向全国推荐中华优秀传统文化普及图书”名单。为了更好地传播优秀传统文化,我们从中精选了30种文史经典,重新修订、设计,作为珍藏版呈现给读者。

中华优秀传统文化不仅是中华民族的宝贵财富,也是中华民族的精神家园。凤凰出版社谨向为本丛书的编辑出版付出巨大心血的专家学者致以崇高敬意!

古代文史名著选译丛书（珍藏版）书目

书名	译注者	审阅者
论语注译	孙钦善	宗福邦
老子注译	张玉春　金国泰	安平秋
庄子选译	马美信	章培恒
孟子选译	刘聿鑫　刘晓东	黄　葵
荀子选译	雪　克　王云路	董治安　许嘉璐
诗经选译	程俊英　蒋见元	刘仁清
楚辞选译	徐建华　金舒年	金开诚
左传选译	陈世铙	董治安
史记选译	李国祥　李长弓　张三夕	安平秋
汉书选译	张世俊　任巧珍	李国祥
后汉书选译	李国祥　杨　昶　彭益林	许嘉璐
三国志选译	刘　琳	黄　葵
资治通鉴选译	李　庆	黄永年
文心雕龙选译	周振甫	黄永年
世说新语选译	柳士镇　钱南秀	周勋初
颜氏家训选译	黄永年	许嘉璐
陶渊明诗文选译	谢先俊　王勋敏	平慧善
李白诗选译	詹　锳等	章培恒
杜甫诗选译	倪其心　吴　鸥	黄永年
李商隐诗选译	陈永正	倪其心
王维诗选译	邓安生　刘　畅　杨永明	倪其心
苏轼诗文词选译	曾枣庄　曾　弢	章培恒
李清照诗文词选译	平慧善	马樟根
辛弃疾词选译	杨　忠	刘烈茂
王阳明诗文选译	吴　格	章培恒
唐才子传选译	张　萍　陆三强	黄永年
徐霞客游记选译	周晓薇　马雪芹　焦　杰	黄永年　马樟根
阅微草堂笔记选译	黄国声	安平秋
西厢记选译	王立言	董治安
聊斋志异选译	刘烈茂　欧阳世昌	章培恒